3분 만에 마음을 얻는
말하기의 기술

3분 만에 마음을 얻는
말하기의 기술

오쿠시 아유미 지음 **송수영** 옮김

이아소

이기는 사람들의 말하기 전략!

유명한 교육학자인 파크 J. 파머는 "삶을 변화시킬 수 없는 가르침은 진정한 가르침이 아니다"라고 했다. 어떤 책을 읽으면서 그 책을 통하여 우리 삶의 변화를 시도하고 도전을 받는다는 것은 대단히 감격스러운 일이다. 《3분 만에 마음을 얻는 말하기의 기술》은 한마디로 '이기는 사람들의 말하기 전략'이다. 이기는 사람들은 자기 주위의 사람들을 동사형 인간으로 만든다. 그들은 길게, 흐릿하게 말하지 않는다. 이기는 사람, 동사형 인간의 말은 듣는 순간 어떤 행동을 해야 하며, 그것이 나에게 어떤 이익을 줄 수 있는지 선명하게 알 수 있다.

저자는 세계 최대의 컴퓨터 기업인 휴렛패커드에서 14년 동안 근무했고, 10년 넘게 글로벌 초일류 기업을 상대로 교육 활동을 해왔다. 책의 구성과 사례가 단순한 원칙이나 팁이 아니라 현장의 니즈에 밀착되어 있다. 읽다 보면 내가 직접 고객들 앞에서 말하고 있는 느낌이 든다. 이기려면 이렇게 말해야겠구나 하고 고개를 끄덕이게 된다.

사람의 집중력은 아무리 길어도 3분을 넘기지 못한다고 한다. 3분 안에 상대방의 마음을 사로잡고 싶은가? 말의 초점을 "상대가 해야 할 행동, 그래서 얻게 될 이익"에 맞춰라. 그리고 이 책을 읽으며 훈련하라. 당신도 이기는 사람처럼 말하게 될 것이다!

이 책을 통하여 이제 말하기의 변화를 시도하고 본질을 이해하여 영향력 있는 리더로 거듭나기를 기대한다.

성공하고 싶다면 짧게 말하라!

바쁜 현대인에게는 시간이 곧 돈이다. 특히 높은 위치에 있는 사람일수록 짧은 시간 안에 효율적으로 이야기를 하고 싶어한다. 바쁠 때는 5분 단위로 일정을 소화해야 하는 그들에게 시간은 돈이며 당신이 그들과 이야기하는 것은 곧 그들의 돈을 꺼내 쓰는 것이다.

인간의 두뇌 또한 3분 이상을 같은 이슈에 집중할 수 없다. 따라서 자신의 생각을 확실하게 상대에게 전하고 싶다면 3분 안에 이야기를 끝낼 수 있어야 한다. 좋은 강연이나 프레젠테이션도 잘 들어보면 짧은 시간마다 화제를 바꿔서 듣는 사람의 집중을 유도한다.

3분 안에 분명하게 자신의 메시지를 전달할 수 있는 사람은 경기 부진을 걱정할 이유가 없다. 3분 안에 설득할 수 있으면, 3시간도 이야기할 수 있고, 어떤 상황에서도 원하는 만큼의 실적을 낼 수 있을 것이다.

《3분 만에 마음을 얻는 말하기의 기술》은 말을 잘할 수 있도록 훈련시켜주는 책이다. 저자인 오쿠시 아유미 씨는 10년 이상을 샤

넬, 소니, 메이지 유업, 페라가모, 스미토모, 에스티로더, 오라클, GAP, NEC, 도라야 등의 직원들에게 말하기를 가르쳐왔다고 한다. 많은 리더와 비즈니스맨의 말하기 교육을 시켜온 나의 눈에도 책의 내용과 구성이 실용적으로 느껴진다.

성공하고 싶다면 짧게 말해야 한다. 바쁜 현대인에게는 시간이 곧 돈이기 때문이다. 그 방법을 훈련하여 내 것으로 만들고 싶은 분들에게 이 책을 권하고 싶다. 당신은 3분 말하기 능력으로 지금의 어려움을 기회로 만들 수 있을 것이다.

지금의 나를 바꾸고 싶다면 말하는 법부터 바꿔라!

저는 지난 10년, 연간 250일 이상 다양한 비즈니스 관련 강좌를 해
왔습니다.

인재 개발에 역점을 두고 있는 일본의 대기업, 세계 최고 수준의
고객 만족을 지향하는 글로벌 최고 브랜드, 유명 메이커 회사, 컨
설팅 회사에 이르기까지 다양하였으며 수강자도 신입사원에서 최
고경영자까지 실로 다양하였습니다.

이들의 면면을 보면 경영의 제일선에서 활약하는 분, 경영 컨설
턴트, 접객의 달인들까지 있었는데, 이들 모두에게 공통적으로 인
기가 높았던 것이 〈말하기 48시간 풀코스〉 강의였습니다.

이 책에는 바로 그 핵심 내용, 즉 사람들 앞에서 간결하고 강력
하게 말하는 최고의 노하우가 모두 담겨 있습니다. 여러분이 실제
말을 해야 하는 상황에서 그대로 활용할 수 있는 팁도 다양하게 구
성하였습니다. 기존의 책에서 볼 수 없었던 절묘한 '타이밍' 감각,
콘텐츠 만들기, 오프닝과 클로징 기술을 직접 확인해보시길 바랍
니다.

'긴장을 심하게 하는 타입이라, 어떻게 손쓸 수가 없다'고 포기한 경험이 있는 사람.

'평소에는 말을 잘하는데 막상 사람들 앞에 서면 심하게 떨린다'는 사람.

이런 사람이라면 이 책을 마지막까지 읽어보시길 바랍니다. 분명 말하는 법이 서서히 변화해가는 것을 실감할 수 있을 것입니다.

말하는 법이 좋아지면 당연히 주위의 평가도 달라집니다.

긴장 증세, 말주변 없다는 핀잔을 극복하기 위한 결정적인 지침서, 여러분에게 자신 있게 권해드립니다!

차례

Welcome to the camp
3분 만에 마음을 사로잡는 말하기의 비밀

특별수업
실전에 바로 써먹는 3분 전 응급 스킬

오리엔테이션
사람은 말하는 법으로 90% 바뀐다!

LESSON 1
30초의 '오프닝'과 15초의 '클로징'으로 상대를 움직여라!

Welcome
to
the camp

3분 만에
마음을 사로잡는
말하기의 비밀

S
P
E
E
C
H

포기는 이르다.
긴장 증세, 말 주변 없는 고민은
고칠 수 있다!

■ 말하기, 생각만 해도 고역이다!

그럼에도 곧 발표를 앞두고 '어디로 도망가고 싶다', '어떻게 누가 좀 해줬으면 좋겠다', '성공했으면 좋겠다!'는 마음으로 부담 백배인 당신.

아마도 그 때문에 이 책을 손에 들고 있을 것이다.

조회, 회의, 환송연회에서부터 기획 미팅 등에 이르기까지 일을 하다 보면 사람들 앞에 나설 일이 적지 않다. 심지어 후배 결혼 피로연이 사회를 부탁받기도 힌다.

"잘 못하는데……" "왜 하필 나를!" "아~ 우울해."

— 이 자리는 바로 이런 사람들을 위한 말하기 교실이다.

"무리야, 무리. 나는 천성적으로 긴장 체질이라."

— 이제 걱정하지 말자. 긴장 체질도 얼마든지 고칠 수 있다.

"심한 정도는 아니지만, 가능하면 피하고 싶다."

— 모처럼의 기회를 아깝게 왜? 이 기회에 말을 잘 못한다는 딱지를 완전히 벗어보자.

기본을 익히고, 생각을 조금 바꾸는 것만으로 인생에 큰 변화를 만들 수 있다. 지금까지 스피치 하우투(how to) 관련 책을 여러 권 섭렵한 사람이나 책 읽을 시간조차 내기 힘들었던 사람도 이번 기회에 진지하게 도전하면 확실히 고칠 수 있다.

단, 이제부터 소개하는 내용을 그대로 시험해볼 것! 제대로 따라하여 그 사용법과 효과를 실감하게 되면 분명 당신도 말을 잘하는 사람이 될 수 있다.

글로벌 기업의 엘리트들이 말을 잘하는 이유

태어나면서부터 말을 잘하는 사람은 없다. 태어나면서부터 말을 못하는 사람도 물론 없다. 필요한 것은 올바른 기술과 트레이닝이다. 사람들 앞에서 최선을 다해 연설을 하고, 그때마다 결과를 평가해봐야 한다. '몰래 연습해서 완벽한 모습으로 사람들을 놀라게 해야지' 하고 생각하면 평생 실력이 늘지 않는다.

물론 준비는 필요하다. 혼자 몰래 해야 할 것도 많다. 그러나 그에 못지 않게 '사람들 앞에서 말하는 실전 경험'을 충분히 쌓는 것 — 이것이 중요하다.

말이 서툴다고 걱정하는 사람이 많은데, 거기에는 이유가 있다. 제대로 훈련을 하지 않았거나 '그 정도는 이미 졸업했다'고 생각하여 제대로 배우지 않았기 때문이다. '말 잘하는 사람치고 제대로 된 이 없다'는 고루한 변명거리는 이제 버려야 한다.

나는 글로벌 기업 출신으로, 현재도 클라이언트의 60~70퍼센트가 글로벌 기업이다. 이런 기업에서 엘리트로 불리는 사람들을 보면 대단한 프로들이다. 이들은 모두 사람들 앞에서 말하는 것이 얼마나 중요한지 잘 알고 있다. 다시 말하면 사람들 앞에서 제대로 말하지 못하는 것이 얼마나 마이너스인지 절실히 알고 있기 때문에 배우기 위해 노력하고 적극적으로 나선다. 이렇게 해서 제대로 경험을 쌓은 덕분에 프레젠테이션에 능숙하게 된 것이다.

이런 이야기를 들은 적이 있다.
"'미국인들이 가장 두려워하는 100가지' 가운데 1위가 무엇일까? 소송? 죽음? 아니다. 가장 두려워하는 것은 사람들 앞에서 말하는 것이다."
그렇다. 미국인들은 어떤 상황에서든 너무나도 자연스럽게 자기주장을 하는 듯 보이지만, 실은 내심 두려움과 긴장감을 느끼고 있다.
다만 아무리 긴장을 해도 하고 싶은 말을 다 할 수 있도록 기술로 무장하고 훈련을 쌓은 것일 뿐이다.

말하기가 두렵지만, 조만간 하지 않으면 안 되는 상황을 앞두고 있는 당신, 피할 수도 없으니 어떤 대책이든 세워보려 노력하고 있는 당신에게 어쩌면 이것은 절호의 기회일 수 있다. 오늘부터 바로 특훈에 돌입하자!

많은 수강생을 통해 검증된 효과, 실패는 없다!

일단은 효과를 빨리 확인하고 싶은 사람을 위해 강도를 높여서 시작해보자. 미리부터 불가능하다는 말은 접어두자. 성실히 하면 누구나 잘할 수 있고 효과도 보장한다.

우선 3분 말하기의 '3분' 감각을 익힌다. 17쪽의 '말하기, 생각만 해도 고역이다!' 에서 21쪽의 '오늘부터 바로 특훈에 돌입하자!' 까지가 대략 3분이다. 생각보다 짧지 않은가?

강의 시간에 스톱워치로 재면서 실제 말을 시켜보면 처음엔 시간 내에 끝내는 사람이 거의 없다. 시간 엄수가 목표는 아니지만, 이야기가 길어지면 분명 집중력이 떨어진다. 소재가 아무리 좋고,

중요한 이야기라도 듣는 쪽이 집중하지 않으면 아무런 의미가 없다. 상대방의 마음을 사로잡고, 3분 안에 똑 부러지게 끝내는 명품 말하기를 지향하도록 하자.

이 책은 우리 회사의 〈말하기 48시간 풀코스〉 과정을 기본으로 해서 짜여졌다. 그동안 비즈니스 커뮤니케이션을 주제로 많은 강연을 해왔는데, 그중에서 이 프로그램이 항상 가장 인기가 높았다.

이 강의 과정에서는 소수정예의 수강생 전원에게 이틀 동안 총 3회에 걸쳐 실전 연습을 해보게 한다. 그때마다 비디오로 녹화하여 자신의 모습을 직접 확인하게 하고, 첫날에는 숙제까지 내준다. 매우 빡빡한 일정이지만 그럼에도 인기가 높은 것은 '자신이 변할 수 있는' 최적의 코스라는 것을 다들 실감하고 있었기 때문이다.

첫 번째보다 두 번째, 두 번째보다 세 번째에 분명 변화가 있고 성과도 눈에 띄게 달라진다. 물론 첫 시도에서 '이 사람은 어려울지 모르겠다'고 생각되는 사람도 있다. 그러나 이는 매번 기우로 끝났다. "사람들 앞에서 이야기하는 것이 큰 스트레스"라고 말했던 사람도 세 번째는 몰라보게 달라졌다.

이런 변화를 수강생 모두를 통해 실감할 수 있었기 때문에 48시간 풀코스 강좌는 내게도 귀중한 경험이 되었다. 바로 그 노하우를 '3분 말하기' 용으로 충실히 정리한 것이 바로 이 책이다.

'얼굴을 알리고 이름을 각인시키는' 것을 목표로!

어디까지나 기본이 중요하지만, 너무 틀에 박힌 말하기는 상대의 마음을 사로잡지 못한다. 말하기에도 자기만의 스타일이 필요하다.

그러나 개성 있는 스타일을 추구한다고 해서 지나치게 색깔을 드러내는 것은 곤란하다. 개성적인 말하기와 자기만의 세계에 빠져 있는 말하기는 별개다. 전혀 다듬어지지 않은 무방비 상태를 나다운 것이라 내세워서도 안 된다. 이는 단지 준비 부족일 뿐이다.

연습을 하지 않으면 골프 실력은 늘지 않는다. 자신의 스타일만 고집하면 오히려 이상한 버릇이 몸에 배게 된다. 이를 고치려면 처음에는 힘이 들고 실력도 더 떨어지는 것 같다. 자기는 꽤 잘한다고 생각하는 사람들을 보면 순순히 버릇을 고치지 못하고 이 때문에 실력이 좀처럼 늘지 않는다. 스피치도 마찬가지다.

기본 폼을 반복해서 연습하다 보면 어색함은 점차 사라진다. 폼을 아름답게 교정하면 미스 샷도 줄어든다. 뿐만 아니라 '비거리는 나오지 않지만 퍼트는 확실하다' 든지 '어프로치 센스가 좋다' 는 등 자신만의 강점이나 특성을 키워가면서 진짜 자신의 스타일을 완성할 수 있다.

기본 스킬에 자신의 개성과 특성을 가미하여 많은 사람들에게 나의 존재를 확실히 알리고 이름도 각인시키는 말하기를 목표로 하자.

이 책에 나와 있는 내용을 성실히 따라하면 월요일 아침회의가 한결 가뿐해질 것이다. 여러 사람 앞에서 말하는 것이 힘들게 느껴지지 않으면 상대도 편하게 경청하게 된다. 또 회의나 발표에서도 모두와 시선을 나누며 능숙하게 리드해 나갈 수 있다.

더 나아가 개성적인 말하기를 할 수 있게 되면 신규 클라이언트에게 이름과 얼굴을 확실히 기억시킬 수 있다. 클라이언트나 상사에게 올리는 제안서는 분명 'YES' 에 훨씬 근접해 있을 것이다.

개성적인 말하기로 나에 대한 평가를 높이자. 이것이 이 책의 목표다.

자, 그럼 이제 힘차게 출발해보자!

특별수업

실전에 바로 써먹는
3분 전
응급 스킬

S
P
E
E
C
H

'책 읽을 시간도 없다'는
사람을 위한 인스턴트 스킬

준비가 중요하고 트레이닝이 필요하다는 것은 알지만 중요한 스피치가 코앞에 닥쳐 마음이 다급한 사람도 분명 있을 것이다. 이처럼 발등에 불이 떨어진 이들을 위한 방법도 있다. 실전 3분 전, 말하기 실력을 바로 업그레이드할 수 있는 방법을 소개한다.

우선 몸가짐을 단정히 정리한다.

외양이 신경 쓰이면 말하기에 집중할 수 없다. 지금이라도 화상실 거울 앞에서 자신의 겉모습을 체크해보자. '좋아, 훌륭해!' 라는 생각이 들면 당당하게 나설 수 있다(적어도 쿵쾅쿵쾅거리던 심장 박동이 두근두근 정도로 진정될 것이다).

혹 겉모양 같은 데 신경 쓸 때가 아니라고 생각할지 모르지만 그
렇지 않다. 머리가 지저분하거나 지나치게 액세서리가 화려하면 상
대방의 시선이 그쪽에 쏠려 이야기에 제대로 집중하지 못한다.

겉모양이 깔끔하면 듣는 쪽도 이야기에 집중할 수 있다. 상대가
이야기에 집중하면 나 역시 말을 하기가 훨씬 쉽다. 그러므로 깔끔
한 외모는 매우 중요하다.

30초 동안 할 수 있는 체크포인트를 정리하면 다음과 같다.

□ 구두는 깨끗한가? 지저분하면 티슈로 닦는다.

□ 상의 단추는 잘 채워져 있는가? 주머니가 불룩하지는 않은가?

　휴대전화, 열쇠, 수첩…… 모두 말하는 동안에는 불필요한 것들

　이다. 가방에 잘 넣어두자.

□ 넥타이는 잘 매어져 있는가? 회사 배지가 기울어져 있지 않은가?

□ 앞머리는 잘 정리되어 있는가? 어깨에 비듬, 머리카락이 떨어져

　있지 않은가?

□ 얼굴보다 더 눈에 띄는 액세서리를 하고 있지 않은가?

　오늘의 주역은 나의 표정이다. 불필요한 것들은 모두 버려라.

□ 립스틱 색은 잘 어울리는가? 화장이 너무 짙지는 않은가?

　손목시계, 벨트, 구두, 가방 등의 소품은 오늘의 주제와 어울리

　는가? 판단하기 어려울 때는 일단 떼는 것이 좋다.

차림새를 단정히 했다면 다음에는 '오늘의 한마디'를 정리한다.

오늘 반드시 전해야 할 한마디, 핵심 키워드를 뽑아낸다. 긴장해서 머릿속이 하얗게 되어도 '오늘의 한마디'를 떠올리면 거기에서 이야기를 다시 이끌어낼 수 있다.

이것은 핵심 포인트를 정리하기 위한 준비이기도 하다. 이때 중요한 것은 절대 욕심을 내서는 안 된다는 것이다. 이것저것 이야기하려고 하면 결국 아무것도 전할 수 없게 되고, 또 어차피 듣는 사람은 많은 것을 기억하지도 못한다.

말하고 싶은 내용이 많다면 우선순위를 정해서 '가장 중요한 것'을 머릿속에 새겨둔다. 말을 잘하기보다 듣는 이에게 '오늘의 한마디', '중요한 한 가지'를 제대로 전달하는 데 전념하도록 하자.

서두는 상대의 귀를 열 수 있는 코멘트를 준비한다.

- 상대가 좋아할 만한 말을 찾는다.
- 상대에게 다가설 수 있는 말을 찾는다.
- 지난 이야기를 다시 환기시킨다.

이중 한 가지를 찾아 대화의 실마리로 삼으면 이야기를 쉽게 풀어나갈 수 있다.

상대가 좋아할 만한 말이란 예컨대 상대 업계에서 자주 사용하는 용어나 키워드 등이다. 가까운 사람이라면 취미 이야기도 좋겠다. 비용을 중시하는 사람에게는 우회하지 말고 바로 비용 이야기로 들어간다.

상대가 나에 대해 전혀 모르는 경우라면 그에게 다가갈 수 있는 말을 찾는다. 경험, 감정, 과제 등 뭔가 공통점이 있으면 상대도 훨씬 쉽게 마음을 연다.

"저도 이 분야의 영업을 3년 정도 했습니다."
"○○ 씨에게는 지난번에 신세가 많았습니다."
"작년의 수치는 저도 개인적으로 매우 부족하다고 생각합니다."
"세계 수준의 고객 만족을 지향하고 있습니다."

몇 번 만난 적이 있는 상대라면 지난번의 만남을 언급하는 것도 좋다.

도움을 준 상대에게는 감사의 말을, 폐를 끼친 상대에게는 사과의 말로 시작한다. 뭔가 풀리지 않았던 일이 있다면 지난 일을 언급하며 이번의 스피치로 이어간다.

사과를 할 때는 '죄송합니다' 라는 한 마디로 끝내지 말고,

"다시 만날 수 있는 기회를 주셔서 대단히 감사합니다."

"만회할 수 있는 것을 가지고 왔습니다."

하고 긍정적인 분위기로 이어가는 것이 중요하다.

도저히 머릿속에 떠오르는 말이 없다면 프레젠테이션을 바로 진행한다. 무리하게 말을 이어 붙이려다 오히려 상대와 거리감이 생길 수 있다. 적당한 말이 없다면 가까운 곳에서 '소도구'를 찾아내 이용하는 방법도 있다. 예를 들면 조간신문, 샘플 상품, 자료더미 등이다.

"오늘 조간신문, 보셨습니까?"

"이것이 라이벌 회사의 신제품입니다. 무게가 놀라울 정도로 가볍지요."

"관련 자료를 이렇게 찾아냈습니다."

"오늘은 이중에서 중요한 포인트를 세 가지만 말씀드리겠습니다."

이렇게 살짝 보여주고 바로 본론으로 들어간다. 이 같은 소도구는 듣는 이의 시신을 순간적으로 떼어내는 효과가 있다. 청중의 시선이 집중되면 몸이 움츠러든다는 사람에게 특히 적절한 방법이다.

그리고 마무리는 역시 미소가 최고다. 실전에 들어가기 전에 거울 앞에 서서 웃는 얼굴을 만들어보자. 양손 중지를 입꼬리(입술 양 끝)에 대고 바깥쪽으로 끌어당긴 뒤 살짝 올린다(일러스트 참조). 이것이 기본 미소다.

다음으로 손가락을 떼고 "럭키-, 쿠키-, 위스키-" 하고 소리 내어 말해본다. '키-'의 발음에서는 입꼬리를 충분히 위로 올린다.

얼굴의 근육이 풀렸다면 이제 준비 완료다!

미소를 만드는 법

긴장을 푸는 확실한 주문!
'룩, 스마일, 토크'

남들 앞에서 말을 할 때 가장 긴장되는 순간이 바로 오프닝이다. 이때 허둥대면 지금까지의 준비가 모두 물거품이 되고 만다.

일단 실전에 들어가면 '룩, 스마일, 토크'로 3초 정도 여유를 가진다. 이 방법은 듣는 사람이 많을수록 효과적이다. 말을 시작하기 전에 우선 가장 뒤쪽에 앉은 사람을 보고(look) 가볍게 웃은 뒤(smile), 큰 소리로 인사를 한다(talk).

"안녕하세요?" "처음 뵙겠습니다." 이 단계까시가 약 3초.

인사말을 한 뒤엔 마음속으로 '1, 2, 3……' 하고 숫자를 센다. 이렇게 잠깐 기다리면서 상대의 반응을 살핀다. 인사를 하는 사람, 무표정한 사람 등 다양한 반응을 볼 수 있다.

특별한 반응이 없어도 상관없다. '여러 부류의 사람들이 있구나' 하는 정도로 생각하고 넘어가면 된다. 그리고 이제 '오늘의 한마디'를 머릿속으로 최종 확인한 뒤 스피치를 시작한다.

사람은
말하는 법으로
90% 바뀐다!

말하기는 실력을 '가시화' 하는
최상의 방법

급한 불은 잘 *끄고* 무사히 통과하였는가?

상대에게 다가갈 수 있는 한마디, 상대가 좋아하는 말을 잘 사용하였는가?

'오늘의 한마디' 는 제대로 전달하였는가?

앞장에서 우선 눈앞에 닥친 실전을 치르기 위해 '3분' 만에 할 수 있는 팁을 다루었지만, 이는 어디까지나 응급처방일 뿐이다. 같은 사람을 상대로 속성 스킬을 두 번 사용한다면 세 번째는 전혀 먹혀들지 않을 것이다. 다음에는 제대로 준비하여 한 단계 업그레이드된 말하기를 준비해야 한다.

다시 강조하지만 누구나 말을 잘할 수 있다. 빠르게 향상될 수도 있다. 이는 내가 틀림없이 보증한다.

물론 간단하지는 않다. 그렇지만 비즈니스를 하는 사람에게는 이것이 가장 중요한 기술이다.

사람들 앞에서 3분간 제대로 말을 할 수 있는가에 따라 사회적 성공 여부도 갈린다.

요즘은 회사가 인수·합병되어 어느 날 갑자기 새로운 상사가 부임해오는 일이 흔해졌다.

상사나 경영자가 바뀌면 평가 기준도 달라지게 마련이다. 스피드가 생명인 시대에는 미팅 스타일도 변한다. 짧은 시간에 의사를 확실하게 전하지 못하면 실력이 없다는 평가를 받게 된다.

항상 만반의 준비를 갖추고 언제든 실력을 발휘하지 못하면 중요한 기회를 놓치고 만다. 중요한 클라이언트와 어렵사리 잡은 약속에서 우물쭈물하느라 상대의 기억에 확실하게 남는 이야기를 하지 못하면 업무를 제대로 추진시킬 수 없다.

최근엔 메일로도 어느 정도 일이 이루어진다. 하지만 정말로 중요한 프로젝트는 역시 얼굴을 맞댄 자리에서 이루어진다. 그런데 만날 기회가 예전보다 적어졌기 때문에 한 번의 만남으로 평가가 내려지기도 한다. 때문에 이 자리에서 말을 그르치면 다시 돌이기기가 힘들다. 사람들 모두 시간에 쫓기므로 이제는 3분이 아니라 단 1분 만에도 명확하게 의사를 전달하는 노하우를 터득해야 한다.

또한 제대로 말을 하지 못하면 부하직원이나 후배들도 잘 따라주지 않는 것이 최근의 세태다. 요즘 신입사원들은 상당히 말을 잘하고, 프레젠테이션에도 능숙하다. 대학에서 세미나 수업이 많아지고 유학 경험자들이 증가한 까닭이다. 당당히 나서서 말을 하지 못하는 리더나 상사는 '별 볼 일 없다'고 얕잡아보게 된다.

아무리 실력이 있어도 이를 보여주지 못하면 누구도 인정해주지 않는다. 말하기 능력은 실력을 '가시화'하는 매우 중요한 기회다.

그러나 여전히 진짜 말을 제대로 하는 사람은 소수에 지나지 않는다. 따라서 내가 먼저 매진하면 남보다 한 발자국 앞서갈 수 있다. '실제 실력 + 알파'의 자신을 어필하는 능력을 향상시키고 사람들의 머릿속에 남는 말하기를 목표로 하자.

진짜 훌륭한
말하기란?

■ 사람들 앞에서 말을 한다는 것은 한 번에 많은 사람과 이야기 할 수 있는 기회이기도 하다. 잘만 하면 자신의 생각을 단시간에 전달하여 많은 사람들을 움직일 수 있다. 업무를 효율적으로 진행 시키고, 긍정적인 반향과 평가를 받을 수 있는 절호의 찬스다. 그 러나 반대로 실패하면 많은 이들을 실망시키고, 여러 사람으로부 터 부정적인 평가를 받게 된다. 그야말로 성공의 갈림길이라 할 수 있다.

제대로 말을 할 수만 있다면 지명도와 평가가 올라간다. 사람들 앞에서 당당하게 말할 줄 아는 사람은 누구든 멋져 보인다.

다만 술술 유창하게 하거나, 준비된 원고대로 잘 읽는다거나, 억지 웃음을 유발하는 말하기가 훌륭한 말하기는 아니다. '멋지게 보여야겠다'는 속셈이 있으면 오히려 모양이 좋지 않다.

상대가 충분히 귀를 기울여주고, 올바르게 이해하고, 기억에 남는 것, 이것이 진정으로 훌륭한 말하기다. 훌륭한 말하기는 일방적으로 정보나 메시지를 전하는 데 그치지 않고 상대로부터도 많은 정보를 얻어낸다.

실제로 클라이언트에게 신상품을 소개하면서 상대의 반응을 관찰하면 속내를 읽을 수 있다. "디자인에 신경을 많이 썼다고 하더니, 그렇지는 않네"라든지 "이 기능은 매우 흥미롭군. 하지만 뭔가 문제가 숨어 있을지 몰라", "이런, 가격에 대한 반응이 시큰둥한 걸. 뭔가 대책을 세우지 않으면 상당한 폭의 가격 인하를 요구받을 수 있겠어" 등등.

대개 듣는 쪽은 자신이 관찰당하고 있다고는 생각하지 못하기 때문에 의외로 무방비 상태가 된다. 즉 나의 말에 대한 반응이 가감 없이 그대로 드러나는 것이다. 오히려 일대일로 얼굴을 맞대고 직접 듣는 것보다 중요한 본심을 더 쉽게 읽어낼 수 있다.

바로 이때 알아낸 속마음은 앞으로 일을 추진해 나가는 데 귀중한 힌트가 된다. 이처럼 말을 잘하게 되면 의사를 효과적으로 전달할 뿐만 아니라 정보 수집을 하는 절호의 기회로 만들 수 있다.

상대의 귀를 쫑긋 세우는
말하기의 5W 1H

■ 지금까지 경험했던 '최악의 말하기'는 어떤 것인가?

- 무슨 말을 하려는지 도저히 모르겠다.

- 듣는 이에 대해 전혀 모르고 있다. — 상대에 대한 결례.

- 전문용어가 많다. 내용이 지나치게 세세하다. — 숫자의 나열,
  무미건조.

- 준비 부족으로 질문에 제대로 답변하지 못한다.

- 목소리가 작아서 들리지 않는다. — 기운이 없다. 단조롭다. 무
  미건조하게 원고를 읽는 것 같다. 너무 길다.

이런 정도가 아닐까?

반대로 기억에 남는, 또다시 들어보고 싶은 말하기에는 어떤 특징이 있었을까?

- 이야기의 포인트를 잘 집어내서 이해하기 쉽다.
- 설득력 있는 사례, 데이터, "맞아, 정말 그런 일이 있었어" 하는 공감 에피소드를 많이 소개한다.
- 유머가 있고 말의 속도가 적당하다.
- 말소리가 또렷해서 머릿속에 쏙쏙 잘 들어온다.
- 안정감 있는 차림새. 확신을 주는 제스처.
- '대화형'으로 질문에 확실하게 대답해준다.
- '내일부터 해봐야겠다'는 생각이 들거나 혹은 말하는 이에게 알려주고 싶은 콘텐츠가 떠오른다.

자, 그럼 나는 어느 쪽에 가까울까?

이제부터 사람들이 다시 듣고 싶어할 만큼 충분히 노하우를 익혀나가도록 하자.

앞으로 소개되는 4개의 레슨 중 레슨 1~3은 필수 과정이다. 여기서 3분 말하기의 최강 기술은 일대일 상담이나 본격적인 프레젠테이션, 다수를 대상으로 한 연설, 미팅 등에 얼마든지 응용할 수 있다. 레슨 4에서는 바로 그런 한 단계 높은 노하우를 닦는다.

기술을 기억하는 것만으로는 말하기 실력이 늘지 않는다. 실제 몸을 움직여서 실전을 반복해야 한다.

훌륭한 말하기에는 있고, 실패하는 말하기에는 없는 것, 그것은 바로 '임팩트' 와 '액션' 이다.

임팩트와 액션을 불어넣기 위해 필요한 것이 바로 '5W1H' 다. 우선은 이 5W1H를 머릿속에 반드시 기억해두자.

WHY — 목적을 확인한다.

WHO — 듣는 이를 분석한다.

WHEN — 타이밍을 생각한다.

WHAT — 주요 포인트와 근거를 정리한다.

HOW — 효과적인 접근, 오프닝과 클로징을 생각한다.

WHERE(&HOW) — 환경을 확인하고, 정리한다.

자, 이제 본격적인 수업이다. 책을 읽어가는 동안 분명 변화를 실감할 수 있을 것이다. 마지막까지 잘 익히도록 하자.

30초의 '오프닝'과 15초의 '클로징'으로 상대를 움직여라!

듣는 이의 귀를 활짝 여는 '임팩트'와
기억에 남는 '액션'을 준비하라

　말하기의 기본 구성은 오프닝 → 본론 → 클로징이다.
1분의 짧은 말하기든 한 시간짜리 강연이든 기본은 똑같다.

　대부분의 사람들은 이야기의 '내용'에만 신경을 쓴다. 하지만
내용에 집중하도록 하기 위해서는 듣는 이의 귀를 트이게 하는 기
술이 필수적이다. 때문에 오프닝이 대단히 중요하다.

　또한 아무리 좋은 이야기라도 듣는 이의 기억에 남지 않는다면
아무런 의미가 없다. "좋은 이야기를 들었다", "이야기가 큰 도움
이 되었다", "저 사람이 말이라면 또 듣고 싶다"는 인상을 남기는
것은 마지막 클로징에서 결정된다.

중요한 것은 임팩트와 액션이다.

오프닝에서 "어? 그래?" 하는 임팩트를 주고, 본론에서 "아, 역시!" 하고 납득시킨 뒤 "자, 그럼 한 번 해봐야겠다", "다른 사람에게도 알려줘야지" 하고 행동으로 유도하는 마지막 메시지가 있다면 완벽하다.

같은 내용이라도 오프닝과 클로징을 잘 다듬으면 한층 성공도가 높아진다. 바로 이것부터 시작해보자.

시간 배분은 오프닝에 30~45초, 본론 2분, 클로징 15~30초 정도다. 5분짜리 말하기라면 본론을 3분으로 짜고 전후에 오프닝과 클로징을 붙인다.

오프닝은 매우 중요하지만, 그렇다고 길어지면 상대방이 싫증을 낸다는 사실을 잊지 말자. 듣는 이의 호기심을 유발하였다면 바로 본론으로 들어가야 한다.

말하기의 종류와 내용에 따라 다르겠지만 클로징은 15초 정도에서 마무리하는 것이 가장 적당하다. 이것이 짧다는 이도 있지만, 실제로 15초를 제대로 할애하는 사람도 그리 많지 않다. 상당수 사람들은 본론이 끝나면 "이상입니다. 지금까지 이야기를 들어주셔서 감사합니다" 하고 바로 끝맺어버린다.

이렇게 되면 사람들은 "어, 이제 끝난 거야?" 하고 말이 끝나자

마자 바로 잊어버리고 만다.

 짧아도 좋으니 클로징 멘트를 반드시 준비하도록 하자.

말하기의 '목적'과 '상대'를 파악하라

당연한 일이지만 누구나 흥미 없는 이야기에는 귀를 기울이지 않는다. 이야기의 테마나 전할 메시지가 같더라도 상대에 따라서 '맞춤 말하기'를 하는 것이 중요하다.

상대에게 맞추고 그 자리에 적절한 오프닝과 클로징을 하기 위해서는 말하기의 '목적'과 '상대'를 잘 파악해야 한다.

이를 위해 '목적'과 '테마'가 서로 다른 개념임을 이해하자.

예를 들어 사내 미팅에서 발표를 한다고 하자.

"오늘은 고객 만족(CS)에 대해 말씀드리고자 합니다."

이때 테마는 바로 고객 만족이다. 하지만 스피치를 듣는 것만으로는 고객 만족이 실현되지 않는다. 때문에 "CS 서클을 만들었으므로 많은 참여 부탁드립니다" 하고 CS 활동에 참가해줄 것을 촉구한다든지, 혹은 CS 활동을 위한 예산을 따내거나 CS 향상의 구체적인 아이디어를 부탁하는 것, 이것이 바로 말하기의 '목적' 이다.

들는 이의 '이해' 를 구하고 싶은 것인지, 제안에 대한 찬성이나 동의를 얻고 싶은 것인지, 혹은 결정권을 가지고 있는 경영진에게 허가를 받고 싶은 것인지, 동료의 협력을 구하고 싶은 것인지, 먼저 말하기의 목적을 분명히 해야 한다.

초면인 사람에게 자신을 확실하게 기억시키는 것이 목적이거나 들는 이를 즐겁게 하여 만족시키는 것이 목적인 스피치도 있다.

목적이 분명하면 전해야 할 메시지, 들는 이에 대한 액션이 분명해진다. 이 액션을 클로징에 더 확실하게 이용할 수 있다.

그러나 실제로 큰 테마만을 말하고 목적을 전달하지 않는 경우를 적잖이 볼 수 있다.

"고객 만족을 높이는 것이 중요합니다!"

여기에는 이론이 있을 수 없다. 그러나 액션이 없으므로 특별히 기억에 남지 않는다. 독도 약도 되지 않는 무개성의 말하기는 오늘로써 졸업하자.

목적이 분명해지면 다음은 '들는 이' 에 주목해야 한다.

듣는 이의 포지션, 인원수, 타입(성별 · 연령 · 국적 등), 지식 수준, 호의적인지 회의적인지, 과제, 수요 등을 고려한다. 이는 듣는 이와 자신의 관계를 올바로 파악하기 위한 준비다. 상대를 모르면 특별한 오프닝 멘트를 만들어낼 수 없다.

자신이 무엇을 위해(=목적), 누구를 향해(=상대) 이야기하는가? 이것이 말하기의 토대다. 분명히 기억해두도록 하자.

첫 인사에서 '쌍방향' 흐름을 만든다

오프닝의 기본 구성은 인사 → 이름 → 분위기 조성 → 자기소개 → 예고다.

두말할 나위 없이 연설의 첫 마디는 매우 중요하다. 그럼에도 인사를 하지 않고 시작하는 사람들이 의외로 많다.

"○○사의 ○○라고 합니다. 자, 그럼 본론으로 들어가서……" 하고 듣는 이의 반응은 전혀 아랑곳하지 않고 자기 혼자 이야기를 전개한다. 이렇게 되면 상대방의 반응이 싸늘해지고, 결국 말하는 본인도 점점 긴장을 하게 된다.

때문에 첫 마디는 반드시 듣는 사람의 반응을 이끌어낼 수 있는 인사로 시작하는 것이 좋다.

"안녕하세요?"

"좋은 아침이죠?"

"처음 뵙겠습니다."

"지난번엔 신세가 많았습니다."

이렇게 인사를 한 뒤에는 몇 초간 기다린다. 그리고 "글로바링크의 오쿠시라고 합니다"라고 이름을 밝힌다.

이때 인사말이 되돌아오지 않아도 상관없다.

대개 말하는 이가 "안녕하세요?" 하고 말한 뒤 몇 초간 기다리고 있으면 대부분의 사람들은 마음속으로 "안녕하세요?" 하고 인사한다. 말하는 이가 리액션을 기다리면 청중들 사이에선 일방적으로 듣기만 할 것이 아니라 이야기에 참여해야 한다는 의식이 자연스럽게 생겨난다.

이런 쌍방향의 교류가 한 번이라도 이뤄지면 말을 하기가 한결 편해지며 듣는 이도 한층 이야기에 집중하게 된다.

반드시 상대의 호응을
기대할 필요는 없다

많은 사람들이 딱딱한 분위기를 누그러뜨리는 것이 어렵다고 한다. 하지만 그리 힘든 것만은 아니다. 말하기 편하고, 듣기 편안한 분위기를 위해 냉랭한 공기가 풀어지는 정도면 충분하다. "대단해!" 하는 정도의 평가까지 기대할 필요는 없으며, 상대의 반응을 무리하게 이끌어낼 필요도 없다.

다음에 몇 개의 패턴이 있으므로 이중에서 그때그때 적당한 것을 골라 시도해보도록 하자.

소도구를 준비한다

"오늘 아침 ○○ 신문을 보셨습니까?"

"이게 얼마짜리라고 생각하십니까?"

"새로 출시된 ○○를 구입했는데, 매우 가볍군요."

소도구를 손에 쥐고 이를 상대에게 어필하는 패턴이다. 이는 듣는 사람의 시선을 일순 자신에게서 떼어놓는 효과가 있다.

단, 본론과 전혀 관계없는 것을 선보였다가 "여담은 여기까지 하고, 그럼 본론으로……" 하는 식이라면 돌발적인 행동으로 비쳐진다. 어디까지나 본론에 더 집중할 수 있도록 만드는 준비 단계이므로 "대단히 가볍습니다. 이런 경량화의 장점과 단점, 이것이 바로 오늘의 주제입니다" 하는 식으로 본론으로 자연스럽게 연결해 나가는 것이 좋다.

"○○사의 최신호입니다. 영업력 특집을 다루고 있죠. 바로 응용할 수 있는 내용이 많아서 오늘은 이것을 바탕으로 이야기를 해보도록 하겠습니다."

"오늘 아침 종합주가지수를 보셨습니까? 꽤 놀란 분도 계시리라 생각합니다만, 때문에 저는 오늘 이를 만회할 수 있는 데이터를 가지고 왔습니다. 나눠드린 자료를 한번 봐주십시오."

이때 소도구는 살짝 선보이는 정도로만 하고 오래 끌어서는 안 된다.

질문을 던진다

"○○에 대해 알고 계십니까?"

"○○의 새로운 쇼룸에 가보신 적 있습니까?"

소도구가 없다면 질문을 이용해 쌍방향의 소통을 이룰 수 있다. 질문을 던졌으면 몇 초간 기다리며 반응을 확인한다. 대답이 돌아오지 않아도 상관없다. 고개를 끄덕이는 사람, 고개를 갸우뚱하는 사람, 얼굴에 '물음표'가 쓰여 있는 사람 등등. 특별한 반응이 없더라도 신경 쓸 필요는 없다.

"알고 계십니까? (반응을 본다) ······잘 모르시는 듯하니 이제부터 상세하게 말씀드리겠습니다."

질문을 하는 것은 듣는 이의 관심, 이해도를 확인하는 의미도 있다. 듣는 이의 반응에 맞춰 본론의 설명을 늘리거나 어떤 부분은 간략하게 하여 상대방에 맞는 맞춤형 스피치를 할 수 있다.

우호적인 사람에게 말을 건다

여러 사람을 상대하는 경우, 앉아 있는 사람 중에 지인이 있으면 그에게 말을 걸어 분위기를 유도하는 방법도 있다.

"○○씨, 이에 대해 알고 있습니까?"

아는 얼굴이 없어도 우호적으로 들어주는 사람이 있으면 "여러분 알고 있습니까? (전체의 반응을 보면서 우호적인 한 사람에게) ······어떻습니까?" 하고 말을 걸어본다.

세미나 등에서는 청중이 명찰을 달고 있는 경우가 많다. 이때는 살짝 다가가 명찰을 확인하고 이름을 불러준다.

"○○씨이지요? 어떻습니까?"

개중에는 지목받는 것이 두려워 시선을 피하거나 잔뜩 긴장해 있는 사람도 보인다. 이런 사람은 절대 지목해서는 안 된다. 편안하게 들을 수 있는 분위기를 만들려다 오히려 썰렁하게 만들 수 있다.

확인의 한마디가 필수

사전에 자료 등을 배포하는 경우에는 "자료를 미리 나눠드렸습니다. A4 용지로 5장입니다. 모두 다 받으셨습니까?" 하고 질문을 던지면 사람들은 각자 자신의 자료를 확인한다. 이런 말은 경직된 분위기를 풀고 싶을 때 효과적이다.

세미나 등의 개회를 이끄는 역할이라면 "책상 위의 스케줄 표를 모두 확인해보셨습니까? 이후 워크숍이 있습니다. 우선 진행 순서와 업무 효과에 관해 말씀을 드리겠습니다" 하고 본론으로 이어가는 방법도 있다.

감사의 말로 시작하기

이것이 가장 간단한 시작법이다.

단순히 "항상 신세가 많습니다", "바쁘신 중에 시간을 내주셔서 감사합니다" 하는 식이 아니라 무엇에 대해 감사한지 구체적으로 표현하는 것이 중요하다.

"지난주엔 ○○ 건으로 신세를 많이 졌습니다."

"이벤트를 앞두고 한창 바쁘다고 들었습니다. 귀중한 시간을 내주셨으니 더욱 알찬 이야기를 하도록 하겠습니다."

간단한 듯 보이지만 상대에 대해 잘 알고 있지 않으면 절대 할 수 없는 한마디다. 때문에 자신만의 센스를 빛낼 수 있으며, 듣는 사람의 귀를 활짝 열 수 있다. 몇 번 만난 사람들을 대상으로 할 때는 지난 일을 떠올릴 수 있는 말로 시작한다. 거기에 분명한 힌트가 있을 것이다.

오늘의 화제로 시작하기

오늘의 날씨, 이 정도면 누구나 그리 어렵지 않을 것이다. 그렇다고 해서 "비가 많이 오네요" 하는 정도라면 곤란하다. 이 문구가 상대에게 어떤 영향을 미치는지를 생각해야 한다.

"큰비가 내렸는데, 택시를 잘 잡으셨습니까?"

그리고 바로 본론으로 들어간다. 날씨 이야기로 서두가 줄줄 길어져서는 안 된다.

"오늘이 밸런타인데이군요."

"오늘 아침 TV에서 스포츠 선수가 이런 이야기를 했습니다."

이 같은 '오늘의 화제'로 시작하면 내용이 신선하게 느껴진다. 다만, 이를 본론으로 연결시키는 데는 고도의 테크닉이 필요하다. 이로 인해 어색하거나 딱딱한 분위기가 조금 누그러졌다면 일단은 성공이다. 기분 좋은 화제나 뉴스를 골라보자.

"이런 뉴스를 듣고 저도 아침부터 기분이 날아갈 것 같았습니다."

"이런 날 여러분 앞에 서게 되어 더없이 즐겁습니다."

"오늘은 기분 좋게 이야기를 할 수 있을 것 같습니다."

이처럼 자신의 마음을 드러내고 오프닝을 맺는 방법도 있다.

다만 오늘의 화제에 상대방의 호응이 좋자 금세 들떠서 "아, 그리고 이런 이야기도 있었지요" 하고 여담을 덧붙여 오프닝을 길게 늘어놓는 사람이 종종 있다. 누구든 분위기가 누그러지면 마음이 편해져서 심리적으로 그곳에 안주하고 싶어진다. 하지만 여담이 길어지면 사람들은 '그런 이야기는 됐으니 빨리 본론으로 들어가라!'고 생각을 한다. 이렇게 되면 모처럼 좋은 분위기가 다시 냉랭해진다는 사실을 명심하자.

주어진 시간은 고작 3분, 오늘의 엔터테인먼트는 단 한 가지로 충분하다. 농담을 던지는 경우도 마찬가지다.

상대의 감정을 대변한다

상대에게 다가가기 위한 한마디도 좋다. 듣는 이의 상황을 잘 파악하여 이들의 감정을 대변해줄 수 있으면 "이 사람은 나에 대해 자세히 알고 있구나" 하고 경청하려는 마음이 생긴다.

"본점 오픈이 앞으로 약 1주일 남았네요. 긴장, 기대, 불안이 교차하시죠?"

상대의 마음에 다가서는 한마디가 바로 본론으로 이어진다는 점도 의미 있다.

"아무래도 불안하시죠. 바로 그 불안을 자신감으로 바꾸기 위해 지금 할 수 있는 일들을 제안해드리겠습니다."

단, 상황을 잘 알지도 못하면서 "힘드시겠습니다", "큰일입니다" 등의 말을 남발하면 오히려 역효과를 부른다. 분위기와 상관없이 튀어나오는 대로 말하면 오히려 거리감을 심어줄 뿐이다.

상대의 '좋은 점', '더 개선해야 할 점'으로 시작한다

이것 역시 상대와 가까워지기 위한 방법이다. 좋은 점과 아쉬운 점, 두 가지 사실을 모두 언급함으로써 상대의 호기심을 자극한다.

"귀사의 매장에 가보았습니다. 고객 서비스가 대단히 훌륭해서 네 개나 세트로 사버렸죠. 그런데 한 가지 아쉬운 점이 있었습니다. 한 사람 한 사람 나무랄 데 없는 서비스였지만 이것이 팀으로 잘 이어진다는 느낌이 좀 부족했습니다."

　우선 객관적인 사실을 근거로 상대의 좋은 점을 칭찬하고 그런 다음에 더욱 개선해야 할 점을 전하며, 이를 위한 구체적인 방법을 본론에서 말하는 방식이다.

　단, 칭찬을 할 때 거짓은 금물이다. 정말로 훌륭하다고 생각했던 것, 대단하다고 생각했던 것을 분명한 이유를 붙여서 전달한다. 칭찬에 설득력이 없으면 '이 부분이 부족하다'는 마이너스 지적은 물론이고 그 뒤의 본론도 제대로 받아들여지지 않는다.

　상대를 무조건 치켜세우는 칭찬도 역효과이기는 마찬가지다. 예를 들어 "이처럼 큰 회사, 일류 기업과 함께 일을 하게 되어서 대단히 영광입니다" 하는 발언은 좋지 않다.

　실제 일류 기업 사람들은 이런 이야기를 그리 달가워하지 않는다. 자칫 크지도 않은데 '대기업'이라는 말을 들으면 오히려 기분이 상할 수도 있다. 뿐만 아니라 상대를 칭찬하는 듯하지만 실은 자기 자랑으로 비치기도 한다.

　"그동안 대형 안건으로 큰 실적을 올린 것으로 알고 있습니다. 앞으로는 중소규모 프로젝트에도 적극적으로 참여하실 예정이라 들었습니다. 민첩성을 발휘해야 하는 사업에 저희도 함께 참여하고자 오늘은 구체적인 제안 두 가지를 가지고 왔습니다."

이 같은 식으로 단순히 상대를 칭찬하는 것이 아니라 나의 이야기를 들어줄 때의 이점을 함께 전하는 것이 중요하다.

한편 상대를 칭찬하는 것, 존중하는 것, 자신을 비하하거나 겸손, 사양하는 것을 혼동하는 사람이 상당히 많다.

"저같이 보잘것없는 사람이", "귀사에 비하면", "여러분에게는 비할 바가 아니지만······" 등으로 시작하는 문구는 금물이다. 설령 상대가 경험, 실적, 규모 면에서 뛰어나더라도 다음과 같이 긍정적인 인상을 먼저 전하는 것이 바람직하다.

"귀사의 ○○ 사업에는 이전부터 많은 관심을 가지고 있었습니다. 언젠가 꼭 참여하고 싶다고 생각했는데 이렇게 기회를 주셔서 매우 기쁩니다."

자신이 있으면 유머로 시작한다

물론 유머로 시작하는 방법도 있다. 하지만 냉랭한 분위기를 누그러뜨리는 데는 고도의 테크닉이 필요하므로 농담이나 유머를 구사할 요량이라면 긱오를 잘 세워야 한다. 설령 의도가 받아들여지지 않더라도 절대 당황해서는 안 된다.

마치 '지금 말한 것은 농담이 아니었습니까' 하는 표정으로 "자 이제부터 오늘의 본론입니다" 하고 바로 이야기를 전환해야 한다.

싸늘해진 분위기 속에서도 당당하게 본론을 이야기할 자신이 있다면 도전해볼 만하다.

안심하고 들을 수 있는 재료를
정확하게 전달한다

딱딱한 분위기를 누그러뜨렸다면 '자기소개'를 할 차례다. 경험, 경력, 입장, 실적 등 종류는 다양하지만 그중에서 오늘의 스피치를 듣는 '상대'와 '목적'에 맞춰 내용을 뽑아내는 것이 포인트다.

영업 제일선에서 은퇴한 임원을 상대로 한 스피치라면 이런 식으로 말할 수 있다.

"매일 현장에서 고객의 목소리를 듣고 있습니다. 입사 3년째입니다만 ○○업계의 고객에 관해서는 사내에서 세 번째로 손꼽히고 있습니다."

또 피로연에서의 스피치라면 이런 정도가 적당하다.

"신랑과는 대학시절부터 교우관계를 지속하고 있고, 현재도 매주 주말에 함께 테니스를 즐기고 있습니다. 오늘은 여러분이 잘 알지 못하는, 테니스 코트에서 보았던 그의 환한 미소에 대해 소개하려 합니다."

친구 대표 자격으로 스피치를 하는 것이라면 어떤 회사에 근무하고, 어떤 일을 하는지 세세하게 소개할 필요는 없다. 그러나 의외로 "저는 ○○상사에 근무하고 있고 작년까지 뉴욕에서……" 등의 말을 줄줄이 늘어놓는 사람이 의외로 많다.

물론 주빈으로 소개되거나 해서 이력 소개가 필요한 경우도 있을 것이다. 이때도 본인 소개는 듣는 이가 요구하는 내용이나, 어째서 자신이 여기에 서게 되었는지를 잘 전달하는 것이 중요하다.

영업 상대에게 자기소개를 하는 경우에는 상대의 '좋은 점', '더 개선할 점'에 이어 자신이 개선에 도움이 될 수 있는 이유와 그 뒷받침이 될 만한 경력, 실적을 들려주면 상대방의 관심을 유도할 수 있다.

이때 실적을 공개하는 것은 어디까지나 자신이 얼마나 대단한지를 알리기 위함이 아니라 오늘의 이야기를 안심하고 듣도록 하기 위함임을 명심하자. 지나치게 겸손하게 굴 필요도 없고, 거꾸로 자만해서도 안 된다.

"이 분야에서 3년간 경력을 쌓았습니다."

"이미 대기업 3사의 원가 절감에 기여하여 30퍼센트의 이익을 올린 바 있습니다."

이런 식으로 짧고 직설적으로 전하는 것이 좋다.

오프닝의 마지막에 '예고'를 넣는 것도 상대방이 안심하고 들을 수 있도록 하는 방법 중 하나다.

3분 말하기에서 이 과정은 극히 짧아도 좋다. 예고는 '테마', '시간', '듣는 이의 역할' 세 가지로 구성한다.

"○○에 대해 이야기할 시간을 약 2분간 허락받아 이 자리에 서게 되었습니다. 마지막에는 여러분의 질문도 받을 예정입니다."

"우선은 2분 정도 개요를 설명하고 마지막에 거수로 여러분의 찬반 의사를 묻겠습니다."

"오늘부터 바로 활용할 수 있는 기술 다섯 가지를 약 2분간 소개하겠습니다. 여러분 각자 직장 업무에 적용할 수 있는 지식을 한두 개 정도는 가지고 갈 수 있기를 바랍니다."

오프닝의 '임팩트'는 자신의 실적이나 강점을 내용으로 해도 좋고, 분위기 소성을 위해 다소 의외의 이야기를 집어넣어서 "아, 그런 거구나!" 하고 관심을 자극하거나, 혹은 본론으로 이어지는 강렬한 주제가 있으면 이를 활용하는 방법노 있다.

그러나 듣는 이를 깜짝 놀라게 하는 것만이 임팩트는 아니다. 신뢰를 얻는 것이나 목적을 공유하는 것이나 이야기를 들을 필요성을 느끼는 것 등이 모두 이에 해당한다. "이 사람의 이야기라면 한번 들어봐야겠다" 하고 듣는 이의 귀를 활짝 열게 만들면 오케이다.

테마, 목적, 상대에 맞춰 자신이 할 수 있는 부분부터 시작하도록 하자.

처음 1분은
메모를 읽지 마라

누구든 오프닝에서는 긴장한다. 때문에 공적인 연설이나 중요한 회의, 프레젠테이션이라면 메모나 원고를 만들어 충분히 준비해야 한다. 또한 원고를 가지고 실전에 임해도 좋지만, 처음 1분, 적어도 오프닝 멘트를 할 때는 절대 손에 든 원고나 메모를 보지 않는 것이 좋다. 이것은 철칙이다.

이유는 세 가지다.

먼저, 원고를 읽게 되면 듣는 이와 눈을 마주칠 수가 없다. 시선을 교환하지 못하면 상대는 자신에게 말을 걸고 있다는 느낌을 받지 못하기 때문에 듣는 척은 하시만 실제로는 다른 생각을 하거나 딴짓을 하게 된다. 또한 원고를 보게 되면 아무래도 딱딱하게 그대로 읽어 내려가게 되므로 듣는 이는 곧 지루함을 느끼고 집중하지 않는다.

아무리 원고를 잘 썼다 하더라도 눈앞에 있는 사람에게 잘 통하는지 어떤지는 반응을 봐야 알 수 있다. 현장 분위기를 파악하려면 처음엔 원고를 멀리하고 듣는 이를 관찰하는 것이 중요하다. 이것이 두 번째 이유다.

외국어를 썼는데 '?' 하는 반응이 나온다면 이후부터는 우리말로 바꿔서 말해준다든지 어려운 이야기는 보충 설명을 해주는 등 본론에 집중할 수 있도록 처음 1분 동안 미세조정을 하는 것이다.

상대의 표정이나 상태를 잘 관찰하면서 이때 발견한 것이나 순간적으로 떠오른 말을 덧붙이면 개성이 한층 돋보인다. 이를 통해 오늘 이 자리가 아니면 들을 수 없는 이야기를 만들 수도 있다. 바로 이것이 세 번째 이유다. 고난도이지만 이것이 가능하면 스피치가 한층 업그레이드된다.

강연이나 프레젠테이션의 프로들도 오프닝에는 항상 많은 신경을 쓴다.

엄청나게 준비를 많이 하지만 '원고대로' 하지 않는 것, 이것이 포인트다.

원고에 의지하지 않고 처음 1분을 잘 해내기 위해서는 역시 연습이 필요하다. 원고를 만들고 메모를 보지 않고도 오프닝을 할 수 있을 정도로 리허설을 충실히 해두면 한결 마음의 여유가 생긴다.

다만, 아무리 공들여 준비하더라도 오프닝 시간은 1분을 넘겨서는 안 된다. 지하철을 기다리거나 계산을 위해 줄을 서 있는 동안 자투리 시간을 이용해 연습하는 것도 하나의 방법이다.

가장 멀리 있는 사람부터
눈을 마주쳐라

오프닝에서 가장 어려운 것이 상대와 처음 눈을 마주치는 순간일 것이다. 그러나 똑바로 시선을 마주해야 오히려 마음을 안정시키고 이야기할 수 있다.

처음에 자전거 페달을 힘껏 밟으면 나중에 부드럽게 나아갈 수 있듯이 말하기도 처음에 눈을 제대로 마주칠 수 있으면 의외로 원활하게 이끌어나갈 수 있다.

그 요령을 소개한다.

우선 시선은 멀리 있는 사람부터 맞춘다. 표정을 똑똑히 읽을 수 있는 가까운 사람보다 멀리 있는 사람 쪽이 시선을 맞추기가 훨씬 수월하다.

"들리십니까?" 하고 말하면서 시선을 유도하는 것도 한 방법이다.

이때 눈이 마주치면 몇 초간 정지한다.

그러고는 그곳에서 지그재그로 조금씩 앞쪽으로 시선을 옮기며 사람들의 눈을 본다. 오른쪽에 있는 사람과 눈을 마주쳤으면 왼쪽 사람으로 시선을 옮겨가는 식으로 천천히 순서대로 진행한다. 이렇게 하면 앞쪽에 앉은 사람도 "아하, 뒤쪽에 앉은 사람과 눈을 마주치고 있구나" 하고 눈치 채고 그러면 언젠가 자신에게도 올 것이라 예상하여 계속 집중하게 된다. 참석자의 수에 따라 다르겠지만 될 수 있으면 한 사람과 한 번은 눈을 마주치도록 하자.

이것이 익숙하지 않으면 아무래도 가까이에 있는 사람의 얼굴만 보기 쉽다. 그러나 처음부터 바로 앞사람과 눈을 맞추면 나중에 시선을 올리는 것이 힘들어져서 결국 뒷사람은 시야에서 배제되고 만다. 미팅이나 회의 자리에서 멀리 앉은 사람은 대개 의욕이 별로 없는 사람들이다. 이런 사람을 방치해두면 잡담을 하거나 하품을 하는 등 다른 사람에게까지 나쁜 분위기를 전염시킨다.

물론 아무리 시선 교환이 중요하다 해서 계속 뚫어지게 쳐다볼 수는 없는 일이다. 초점은 얼굴 전체의 표정을 보는 정도가 적당하다. 단, 아무리 내 쪽에서 호의적으로 시선을 맞춰도 듣는 이는 대개 무표정이라는 것을 각오해두자. 이들의 표정과 반응에는 과도한 기대를 갖지 않는 것이 좋다. 무표정하다고 해서 듣지 않고 있는 것은 아니므로 당황할 필요는 없다.

오프닝은 가장 자신 있는 패턴을 골라 진행하자. 여러 가지를 시험해보고 나에게 맞는 패턴이나 당일 모인 청중들을 움직일 만한 패턴을 선택한다.

하루아침에 말을 잘하는 사람이 될 수는 없다. 오늘이 최고는 아니더라도 이전보다 더 나아졌다면 그것으로 충분하다. 완벽을 지향할 것이 아니라 한 회 한 회 중요한 연습을 한다 생각하고 정성껏 오프닝을 짜고 경험을 늘려가다 보면 분명 누구나 능숙해진다. 긴장해서 목소리가 떨리더라도 '오늘은 내가 좀 진지한 모양인데?' 라고 생각하거나 '긴장의 끈을 놓지 않았다는 증거' 정도로 생각하면 그만이다.

목소리가 떨려도, 유창하게 말을 하지 못해도 대화가 쌍방향으로 이루어지는 느낌이 있고, 또한 상대가 나의 말을 듣는 의미를 찾을 수 있다면 당연히 집중도는 물론 평가도 높아질 것이다.

긴장의 근원은
'자신'의 시선

"내 말을 어떻게 듣고 있을까?"

이것이 긴장의 원인이다.

"말을 잘해야 할 텐데……" 하고 바짝 긴장하고 있는가? 그러나 사실 누구도 이를 기대하고 있지 않다.

"말을 잘 못하면 실망하지 않을까?"

원래 사람들은 이야기를 잘하든 못하든 관심이 없으므로 실망도 하지 않는다. 그런데도 우리는 상대방의 평가에 지나치게 신경을 쓴다.

중요한 것은 듣는 사람(들)이 이렇게 볼 것인가가 아니라 상대에게 '얼마나 가까이 다가갈 수 있는가' 이다.

한 걸음이든 두 걸음이든 다가가서 상대가 받아들이기 쉽게 메시지를 전하는 것이 무엇보다 중요하다. 이를 염두에 두고 말을 하면 불필요한 긴장은 사라지게 된다.

물론 이렇게 굳게 마음을 먹는다고 해도 긴장을 완전히 없앨 수는 없다. 하지만 '올바른 긴장감'은 그리 문제가 되지 않는다. 역으로 긴장감이 느껴지지 않는 스피치는 호소력이 떨어질 수 있다.

나 역시 매 강연마다 오프닝이 쉽지 않다.

그러나 기업 연수라면 그 기업의 수요, 과제, 상황 등을 통해 수강자들의 감정, 입장, 수요, 관심사를 유추해낸다. 바로 거기에서 상대와의 공통점을 찾거나 상대에게 접근할 수 있는 화제를 발견하면서 그때그때 독창성이 있는 오프닝을 하려고 노력한다.

어떤 스피치든 상대를 전혀 알지 못하는 상태에서 임해서는 안 된다. 참석자 한 사람 한 사람의 프로필이나 관심사까지는 모르더라도 '이 자리의 주최자와 어떤 업무 관계에 있는 사람'이라든지 '오늘 모임에 흥미가 있는 사람', '연령층은 다양하지만 모두 영업직에 있는 사람'이라는 정도의 내용은 사전조사를 통해 충분히 알 수 있다.

이를 고려하여 그 자리에 맞는 오프닝을 택하는 것이 성공의 지름길이다.

구체적인 액션으로
상대의 의욕을 부추겨라

클로징은 비즈니스 커뮤니케이션의 효과를 결정짓는 매우 중요한 단계다. 어떻게 이야기를 마무리하는가에 따라 다음 단계로 이어갈 수 있을지가 결정된다.

예를 들어 프레젠테이션에서 제안한 것을 진지하게 검토해줄지, 아니면 소개한 상품에 대해 "더 자세히 이야기를 해보자"고 관심을 가져줄지, 혹은 동기 부여를 위한 목적이라면 "오늘부터 해보자!" 하고 마음을 먹게 만들지 정해지는 것이다.

특히 비즈니스 분야에서는 커뮤니케이션이 다음 단계로 이어지지 않으면 아무런 의미가 없다.

"이해해주시면 감사하겠습니다."

"이런 정도에서 잘 부탁드립니다" 하고 끝내서는 안 된다.

"다음 주 월요일에 미팅을 갖도록 합시다."

"직장으로 돌아가서 우선 해주셔야 할 것은 고객에게 전화 한 통 하는 것, 바로 이것입니다."

이렇게 구체적인 액션으로 상대의 의욕을 부추겨야 한다. 혹은 다음과 같이 포인트를 반복함으로써 확실히 기억에 남게 한다.

"반드시 기억하셔야 할 것은 바로 이 키워드입니다."

단순히 "오늘 전하고 싶은 것은 ○○입니다. 그러면 이것으로 오늘의 강연을 마치겠습니다" 하는 식은 너무 단조롭다.

"이번 강연의 키워드는 ○○입니다. 직장으로 돌아가서 반드시 실천해주십시오" 하고 한 걸음 더 다가서는 마무리가 중요하다.

"오늘 꼭 전하고 싶은 내용은 ○○입니다. 바로 다음 주 월요일에 미팅이 있습니다. 그 자리에는 각 팀에서 아이디어를 하나씩 가지고 와주십시오. 기쁜 마음으로 기대하고 있겠습니다."

이렇게 말하는 데 대개 12초 정도 소요된다. 키워드를 다시 강조하고, '아이디어를 가지고 오라'고 상대의 액션을 촉구하며, '기쁜 마음으로 기대한다'는 자신의 감정까지 전달함으로써 듣는 이를 격려한다.

클로징은 마무리의 의미가 있지만, 그렇다고 본론의 반복이 되

어서는 곤란하다. "반복해서 말하지만, 업무의 효율화를 위해 ○○
은 대단히 중요하며 더욱이……"의 형식은 사족일 뿐이다. 클로징
이 길어지면 오히려 깊은 인상을 남기기 힘들다.

가장 중요한 키워드를 하나, 혹은 누구나 바로 기억할 수 있는 짧
은 캐치프레이즈를 하나 뽑아서 전달하는 것이 효과적이다.

미팅 등의 예정이 없는 경우는 숙제를 내주는 방법도 있다.

"다음 시간에 만날 때까지 ○○의 방법을 생각해봐주시기 바랍니
다."

단, 일방적으로 예정에 없는 숙제를 내는 것이므로 난이도가 높
으면 곤란하다. 역으로 자기 자신에게 숙제를 내는 것도 좋다.

"다음에 뵐 때는 더욱 구체적인 데이터를 준비해오겠습니다."

가끔 이 같은 의욕이나 제안이 예상치 못한 기회로 이어지기도
한다.

오프닝에서 했던 말을 다시 꺼내 이야기를 마무리하는 방법도
있다. "오늘 아침 ○○신문을 보셨습니까? 매우 놀라운 수치가 나
왔더군요"라고 했던 오프닝에 이어서 이렇게 말할 수 있다.

"오늘 아침 ○○신문에는 이런 내용도 실려 있었습니다. 바로 오늘
말씀드린 ○○을 그대로 보여주는 사례입니다. 꼭 한번 읽어보시기
바랍니다."

이를 위해서는 준비와 테크닉이 필요하지만 이것이 가능하면 완성도가 한층 높아진다.

액션도, 숙제도 떠오르지 않는 경우는 질문으로 쌍방향 클로징을 하는 방법이 있다.

"참고가 되었습니까?"

"내일 아침 조례에서 말씀하실 내용에 조금 힌트를 얻으셨습니까?"

"내일 아침부터 바로 활용할 수 있는 아이디어를 한두 가지 얻으셨습니까?"

질문을 던졌으면 반드시 몇 초 사이를 두어, 상대가 '한 가지, 두 가지……' 하고 생각하게 만든다. 대답이 돌아오지 않아도 좋다. 상대의 반응을 보면서 몇 초간 기다렸다가 빙긋 웃은 뒤, "꼭 한번 실천해보세요" 하고 마무리를 짓는다.

클로징의 대사 중에서 가장 흔한 것이 "들어주셔서 감사합니다"이다.

하지만 이는 왠지 재미없는 이야기를 억지로 듣게 했다는 느낌을 준다. 가만히 들어준 것에 대한 감사가 아니라 다음과 같은 긍정적인 내용으로 정리한다.

"진지하게 들어주셔서 매우 기쁩니다. 감사합니다."

"임원 여러분들에게 현장의 소리를 직접 전해드릴 수 있어서 더할 나위 없이 기쁩니다."

"오늘은 전하고 싶은 말을 전부 하였습니다. 좀처럼 현장 분들을 접할 기회가 많지 않은 터라 저로서는 매우 귀중한 자리였습니다. 혹시 더 확인하고 싶은 것이 있습니까?"

경청하는 것이
말 잘하는 사람이 되는 지름길

■ 클로징을 끝낸 뒤의 행동도 매우 중요하다.

말을 마치고 자리에 돌아와서는 "실수했어!" "아이고 창피해라!" 하며 수선을 피우는 사람이 적지 않다. 다음 사람이 말을 하고 있는데 웅성웅성거리는 분위기를 만드는 것은 매너가 아니다.

자기 순서가 끝나면 주위 사람에게 가볍게 목례를 하고 자리에 앉아 조용히 다음 사람의 이야기를 들어야 한다. 내 이야기를 잘 들어주길 원한다면 자신도 역시 경청하는 사람이 되어야 한다.

'경청하는 사람'이란 다른 사람의 이야기에서 좋은 점, 자신에게 도움이 되는 점을 찾아내는 긍정적인 사람이다. 옆사람과 수다를 떨거나 하품하거나 하면서 딴청을 피우지 않는 것은 최소한의 매너다.

제대로 말을 하지 못하는 사람은 남이 말할 때 제대로 듣지 않고 있을 가능성이 높다.

자신이 듣지 않기 때문에 다른 사람도 자신의 이야기를 듣지 않는다고 생각하는 것이다. 다른 사람들의 말에서 '대단한 것이 없다'고 느꼈기 때문에 자신도 그렇게 보일까 봐 두근두근하는 것이다.

회의나 미팅, 상담 등에서 다른 사람의 이야기를 진지하게 들었다면 분명 그 사람도 나의 이야기에 귀를 기울일 것이다. '이렇게 진지하게 들어주면 기분이 좋아지고 이야기하기도 편하다'는 것을 알기 때문에 '나도 제대로 들어주자'는 생각이 드는 것이다.

다른 사람의 이야기를 제대로 들어두면 "이렇게 이야기를 하면 훨씬 쉽게 이해되네"라든지 "이런 때는 숫자를 이용하면 머릿속에 잘 들어오는구나", "에, 저, 하는 말버릇은 하지 않는 것이 좋겠다"는 등 좋은 말하기를 위한 힌트를 얻을 수도 있다.

먼저 지기 자신이 경청하는 사람이 되는 것, 이것이 말 잘하는 사람이 되는 지름길이다.

LESSON 2

상대를 내 편으로 만드는 '콘텐츠' 만들기 노하우!

S
P
E
E
C
H

4가지 단계로
본론을 정리하라

3분 말하기의 가장 중요한 승부처는 본론의 2분이다. 바로 여기에서 평가가 갈린다. 단단히 정신을 차리고 시작해보자.

막상 무슨 말을 해야 할지 모르겠다고 낙심한 사람이라도 포기는 금물이다. 듣는 이를 단번에 매혹시킬 수 있는 방법이 있다.

반면 본론을 알차게 준비했다고 생각하는 사람도 방심은 금물이다. 준비를 잘하고도 오히려 더 재미없게 말하는 경우가 많다. 다음 4단계로 다시 한 번 점검해보도록 하자.

1. '상대에게 무엇을 하도록 할 것인가?' 로부터 이야기의 포인트를 잡는다

주요 메시지는 듣는 이의 액션을 '동사형'으로 표현하는 것이 포인트다. 이렇게 하면 상대는 "이것은 나의 이야기다", "들어야겠다"고 관심을 표시하게 된다.

2. 마음을 움직이려면 어떤 정보가 필요한지 생각하라

인간은 감정의 동물이다. 단지 "해주십시오"라고 말하면 절대 움직이지 않는다.

"하고 싶다", "하자", "하지 않으면 안 되겠다", 이렇게 만들기 위해서는 '어떤 내용을 전하면 좋은가'가 내용의 핵심이 되어야 한다.

3. 상대가 '어떤 의문을 가질까?'를 생각한다

상대를 설득해서 움직이도록 만들기 위해서는 데이터, 사례, 경험담 등의 설득 재료가 필요하다. 이때 자신이 어필하고 싶은 내용이 아니라 상대가 알고 싶어하는 내용을 알려주는 것이 철칙이다. 듣는 이가 '의문'을 떠올릴 만한 내용들을 차례차례 풀어가며 내용을 전개한다.

미리 알아서 짚어주는 것이 듣는 이를 끌어들이는 열쇠가 된다.

4. '상대의 타입'과 '타이밍'으로 이야기의 패턴을 만들어간다

같은 말이라도 전하는 순서에 따라 느낌이 다르다. '상대'와 '타이밍'을 고려하여 최고의 패턴을 선택하자.

본론을 마지막까지 제대로 듣도록 하기 위해서는 언어의 선택과 화술에 대한 연구가 필요하다. 기분 좋게 듣고 확실하게 인상에 남는 '테크닉'은 다음 세 가지다.

- '무엇을 전할까'가 아니라 '무슨 말이 상대를 움직일까'를 생각하라.
- 상대의 '의문', '질문'에 답할 수 있는 내용을 고르라.
- 듣는 이와 함께 '그림'을 그려라.

다음에서 이 세 가지 테크닉에 대해 더 자세히 알아보자.

'무엇을 전할까'가 아니라
'무슨 말이 상대를 움직일까'를
생각하라

말을 할 때 사람들은 대개 '무엇을 전할까?', '어떤 이야기를 할까?'를 먼저 생각한다. 그런데 실은 이것이 듣기 지루하게 만드는 결정적인 요인이다.

자신과 관계없는 이야기를 듣고 싶어하는 사람은 아무도 없다. 따라서 이야기 속에 자신이 포함되어 있다고 느끼도록 만들어야 한다.

말을 할 때 가장 중요한 것은 듣는 이의 액션을 끌어내는 것이다. 때문에 내가 '무엇을 전하고 싶은가'가 아니라, 상대에게 '무엇을 하도록 할 것인지'가 최우선의 핵심이다.

① 상대가 '무엇을 하길 바라는가?'

② 이를 위해 상대가 연설을 듣고 '어떤 감정을 갖기를 원하는 가?'

③ 이런 생각이 들도록 하기 위해서 '무엇을 전해야 하는가?'

이 삼단논법으로 이야기의 포인트를 정리한다.

예를 들어 무언가 제안을 하는 회의에서 발언권을 얻은 경우, 대부분의 사람은 자신이 생각해낸 기획의 최고 요점이 무엇인지를 염두에 두고 이에 대한 데이터와 근거를 수집한다. 실제로 이 기획에 대해 '진지하게 검토해달라' → '이를 위해 현 상황에 대해 위기감을 가져라' 는 의도를 어필하려면 위기 상황을 보여줄 데이터가 필요하다.

검토를 요청하기 위해 '이 일에 흥미를 갖게 만들겠다' 고 생각했다면 히트할 수 있는 이유나 '이것이 실현되면 업계 최초!' 라는 내용을 어필해야 한다. 또한 기획을 실현시키기 위해 '예산을 충원해주길 바란다' → '반드시 성공할 수 있다는 확신을 주고 싶다' 는 의도를 기졌다면 확실한 실적이나 성공 사례를 소개하는 것이 좋다.

앞의 삼단논법의 ①, ②에 따라 해야 할 포인트나 스토리도 달라진다.

포인트는 하나 또는 두 가지로 정리하고, 이렇게 압축한 이유까지 설명한다.

"새로운 판촉 시스템을 제안합니다. 비용, 효율, 효과를 상세히 검토하였습니다. 이 안에 반드시 참고해야 할 성공 사례가 있어서 오늘은 이를 토대로 말씀드리겠습니다."

"오늘은 인사에 대해 말씀을 드리겠습니다. 인사를 하게 되는 경우는 다양합니다만, 가장 중요한 때가 아침입니다. 이 자리에서는 주로 아침인사에 대해서 말씀드리겠습니다."

혹은 "고객으로부터 7건의 요청이 있었습니다"라며 리스트를 보여주고 "오늘은 바로 개선할 수 있는 두 번째와 다섯 번째 건에 대해 제안하겠습니다" 라는 식이다.

잘 정리된 내용을 예고해주면 듣는 이는 '포인트가 잘 정리된 이야기를 들을 수 있다' 고 안심하게 된다. '가장 중요하다', '바로 시정할 수 있다' 는 이유까지 함께 밝혔으므로 쉽게 납득하고 귀를 기울이게 된다.

사소한 것이지만, 이것을 생략해버리면 '어째서 두 번째 것을?' 하고 이해하지 못하거나 '하필 가장 지루한 이야기를……' 하고 생각할 수도 있다.

상대와 공감이 형성되지 않은 상태에서 이야기를 일방적으로 끌어가면 호응이 떨어진다.

상대의 '의문', '질문'에 답할 수 있는 내용을 고르라

포인트를 좁혔으면 이번엔 데이터, 사례, 경험담이나 에피소드 등 그 근거나 뒷받침이 될 수 있는 자료를 정리한다. 우선은 모은 재료를 쭉 늘어놓는다.

이중에서 가장 좋은 내용을 고르는 것이 아니다. 선택하기 전에 '듣는 이는 이번 테마에서 어떤 의문을 가질까?'를 먼저 생각해야 한다.

이 테마로 이야기를 하면 듣는 이는 어떤 질문을 할까, 어디에 관심을 보일까, 무엇을 가장 관심 있어 할까를 생각한다.

예를 들어 신상품을 소개하는 자리라면 사람들은 '가격'을 가장 궁금해할 것이고, '오늘 주문하면 언제 납품받을 수 있는가'도 의문일 것이다. 상품에 따라서는 크기, 무게, 색깔, 유지비용 등에 대해서도 알고 싶어할 것이다.

상대가 가질 만한 의문이나 질문을 다섯 가지 정도 유추하고 그 중에서 특히 관심 있어 할 사항 한두 가지를 골라낸다.

'타이밍'을 고려하는 것도 중요하다. 처음 만나는 사람에게 신제품을 소개하는 자리인지, 이미 몇 번 이야기를 한 뒤라 결단을 촉구하는 시점인지 등에 따라서도 짜야 할 내용이 달라진다.

자신이 말하고 싶은 것을 정리하는 것이 아니라, 상대의 '의문', '질문'으로 내용을 만드는 것이 포인트다.

잘 아는 사람을 대상으로 말을 한다면 상대의 '타입'도 고려해야 한다. 쇼킹한 숫자를 싫어하는 사람이 있는가 하면 에피소드가 들어가면 더 쉽게 이해하는 사람이 있다.

혹은 "나도 실제로 사용해보았는데……" 하는 체험담에 관심을 보이는 사람, 유명한 사람들의 말을 인용하면 쉽게 납득하는 사람 등 다양한 타입을 이해하고, 더불어 상대를 유도하고자 하는 방향을 고려하여 최적의 방법을 선택한다.

데이터는 상대가 듣기 편하도록 정리한다. 날조하는 것은 곤란하지만 "과거 5년간 실적이 계속 상승하고 있습니다"라고 말하면서 굳이 7년 전 저조했던 시기의 데이터까지 보여줄 필요는 없다. 사람들은 5년간의 성장기보다 뚝 떨어졌던 7년 전 상황에 더 신경을 쓰느라 이야기에 집중하지 못한다.

데이터는 제대로 사용하면 강력한 근거 또는 증거가 되지만, 과하거나 오래되었거나 억지스러우면 오히려 역효과를 낸다. 콘티를 짤 때 이 점을 명심하도록 하자.

에피소드 역시 마찬가지다. 사람들은 최근 2년간의 실적을 궁금해하는데 "태어난 곳은 오사카, 자란 곳은 도쿄, 어린 시절부터 조숙해서……" 등 주저리주저리 자기소개를 하는 사람이 있다. 요는 자신이 말하고 싶은 내용이 아니라 상대가 알고 싶어하는 것이 무엇인지를 생각해서 정리해두는 것이다.

에피소드를 넣을 때는 반복 연습을 통해 길게 느껴지는 부분이나 중복되는 내용, 필요 없는 단락을 자신의 귀로 직접 점검하면서 과감하게 잘라내도록 한다.

사례를 보여주는 경우는 듣는 이가 '이 이야기라면 들을 가치가 있다'고 여길 만한 사례를 고르는 것이 중요하다. 이야기 자체는 재미있지만, "그게 어느 회사의 내용이지?", "그 회사가 하고 있다면 우리는 하지 않겠다"는 등의 여지가 있는 사례는 곤란하다.

일반적인 사실을 뒷받침해서 말하는 경우는 "○○연구소가 작년 실시한 조사에서는……" 하고 출처를 분명히 밝히도록 한다. 사람들로부터 들은 이야기 역시 상대가 "그 사람 이야기라면" 하고 납득할 수 있는 경우 "영업부 ○○부장의 말에 따르면……" 하고 출처를 밝히기도 한다.

단, 사람들로부터 들은 이야기만 가지고 "그러므로 분명 성공하리라 생각한다"라고 결론짓는 것은 설득력이 떨어진다.

듣는 이와 함께
'그림'을 그려라

■ 데이터, 에피소드, 사례, 사실 등은 이야기를 쉽게 전달하기 위한 소도구다. 이것들을 잘 이용하여 듣는 이와 함께 '공통의 그림'을 그려야 한다.

전화 응대에 관해 말하면서 "손님으로부터 걸려온 전화를 기다리게 해서는 안 됩니다. 원래 전화라는 것은……" 하고 정색을 하고 접근하면 아무도 귀를 기울이지 않는다.

"작년 A사에 문의 전화를 한 적이 있습니다. 상담원이 바로 연결되어 기분 좋게 인사를 하더군요. 설명도 친절했고 무엇보다 오래 기다리지 않게 했습니다. 일류 기업은 전화 응대에서도 차이가 난다는 것을 느꼈습니다. 저 역시 매일 업무로 여러 회사들과 통화를 하게 됩니다만 전화 응대가 나쁘면 그 회사의 이미지까지 나빠지더군요."

이렇게 구체적인 경험을 말하면 듣는 이도 "그렇지, 그래!" 하고 동감하게 된다. 이후 "여러분, 어떻습니까? 우리 회사의 전화 응대는 문제없다고 생각하십니까?" 하고 공감을 구하면 "그러고 보니 이런……" 하면서 서툴렀던 자신의 경우를 떠올리게 된다. 공통의 그림이 그려지기 시작하면 "간단하게 할 수 있는 것 세 가지를 소개하겠습니다. 이후 자리로 돌아가시면 바로 실천해보도록 합시다" 하고 상대를 움직이게 만드는 내용을 함께 덧붙여서 전달한다.

에피소드라면 "나도 그런 일이 있다" 하고 듣는 이가 납득할 수 있어야 한다. 숫자는 "역시 그렇구나!" 하고 이해할 수 있는 데이터여야 한다. 이것이 잘 이루어지면 그 뒤의 이야기는 한결 쉽게 풀어갈 수 있다.

자, 여기까지 단숨에 진도가 나아갔다. 이제 콘텐츠 정리하는 법에 대해 어느 정도 그림이 그려지는가?

3분 말하기의 준비에서 최대 난관은 역시 이것이다. 하지만 여기서 본론의 골격을 확실히 그리고 심플하게 만들 수 있으면 말하는 도중에 이야기가 새거나, 잠시 길을 헤매도 그리 큰 문제가 되지 않는다. 얼마든지 다시 제자리를 찾을 수 있다.

본론의 골격이 제대로 갖추어졌는지 다시 한 번 확인해보자.

① 이번 만남에서 내가 말하고 싶은 것을 정리한다.

② 듣는 이의 얼굴을 떠올린다.

③ 그들이 '듣고 싶은 것', '묻고 싶은 것'을 5개 정도 열거한다.

④ 타이밍을 고려하여 '이번에 알아두어야 할 것'을 1~2개로 압축한다.

⑤ ①과 ④를 비교하여 차이가 있으면 수정한다.

갑작스러운 부탁이나 돌발 상황이 벌어져서 준비할 시간이 부족한 경우에도 이 방법이 유효하다. 꼭 한번 시험해보자.

성격이 급한 사람에겐
'왜냐하면 패턴',
느긋한 사람에겐
'그러므로 패턴'을 써라

이야기를 할 때는 '순서'도 중요하다. 포인트를 잡고 근거, 뒷받침이 될 소재들을 모은 다음에는 이야기의 흐름을 고민한다.

이야기의 흐름은 거침이 없으면서 단순해야 한다. 패턴은 크게 두 가지로 나뉜다.

결론부터 들어가는 '왜냐하면 패턴'과 전제부터 차례로 풀어가는 '그러므로 패턴'이다.

"○○하지 않겠습니까?"

"저는 이렇게 생각합니다."

"긴급 과제는 ○○입니다."

이렇게 우선 결론을 내고 '왜냐하면……' 하고 이유나 상태를 설명하는 패턴은 지식과 기술 수준이 비슷한 사람을 상대로 할 때 또는 이미 합의가 이루어진 경우에 유효하다.

반대로 상대가 상황을 파악하지 못한 경우나 나의 의견에 회의적인 상대에게는,

"이번 회기의 목표는 매출 20퍼센트 달성입니다. 현재 상황은……."

"이런 일을 경험해보신 적이 없습니까?"

"이 점이 어렵습니다."

하고 전제부터 차례로 이야기를 진행하여 하나하나 '예스'를 얻어내고는 '따라서……' 하고 결론을 도출하는 패턴이 좋다.

어떤 식으로 할지는 듣는 이와 자신의 위치관계를 고려하여 결정한다. 일종의 합의가 이루어진 상태인지, 공통인식이 있는지, 신뢰를 얻고 있는지 등등. 예스라면 '왜냐하면 패턴', 노라면 '그러므로 패턴'을 고려한다.

상대의 타입에 맞춰 선택하는 방법도 있다. 성격이 급한 상대에게는 '왜냐하면 패턴', 느긋한 상대에게는 '그러므로 패턴'이 효과적이다.

결론부터 들어가든 설명부터 들어가든 커다란 흐름을 확실하게 정해두면 "무슨 얘기부터 해야 하지?" 하고 처음부터 헤맬 우려는 없다.

설명 부분도 '이상과 현실', '특징과 이점', '신·구', '목표와 그때까지의 과정' 등 크게 두 가지 요소로 정리하면 이야기가 한결 순조롭다.

설명에 넣고 싶은 요소가 다섯 가지라고 하면 이것을 '1, 2, 3, 4……' 식으로 나열할 것이 아니라 '현실(1, 2) → 이상(3, 4, 5)'과 같이 두 가지 요소로 정리하면 한결 쉽게 기억할 수 있다.

설명에 이용되는 소재 역시 '오늘은 에피소드 중심'이라든지 아니면 '데이터를 확실하게 제시하겠다'는 식으로 패턴을 분명하게 정한다. 논리적인 사람에게는 데이터, 정서적인 사람에게는 에피소드를 보여주는 등 상대의 특성을 고려한다.

이런 흐름에 따라 적절한 소재를 다양하게 준비해두면 좋지만, 때로는 가지고 있는 재료만으로 콘티를 만들어야 하는 경우도 있다. 그러나 이런 경우에도 너무 걱정하지 말자. 냉장고에 있는 남은 재료로도 얼마든지 맛있는 요리를 만들 수 있다.

우선 순서를 다양하게 시험해보아 상대에게 가장 쉽게 전할 수 있는 구성을 짜낸다.

깜짝 놀라게 할 요리를 만들려고 해서는 안 된다. 멋진 이야기보다는 이해하기 쉬운 이야기를 만드는 것이 중요하다. 오늘 만날 사람이 숫자에 민감하다고 해서 설득력이 없는 숫자를 잔뜩 늘어놓는 것은 아무 의미가 없다. 적절한 수치 데이터가 없는 경우는 이렇게 말한다.

"이를 도입했을 때 비용 삭감률을 추정할 수 있는 사례를 소개하겠습니다."

"숫자로 나타나지 않는 중요한 효과가 세 가지 있습니다."

혹은 클로징 수법을 이용하여 "최근 수년간 보급률과 더불어 주요 국가와의 비교를 다음 시간에 보여드리도록 하겠습니다" 하고 뒤를 잇는 방법도 있다.

2분간의 본론을 원고 없이 해낼 자신이 없다면 큰 흐름을 정리한 시나리오를 준비하도록 한다.

'왜냐하면 패턴'으로 갈 것인지 '그러므로 패턴'으로 갈 것인지를 정한 뒤 요점만을 종이에 메모한다. 설명을 두 가지 요소로 나누어 전체 틀을 에피소드 중심으로 하겠다면 그중에서 꼭 전해야 할 키워드를, 데이터 중심으로 하겠다면 주요 수치를 적어둔다. 그리고 오늘의 주요 메시지, 듣는 사람에게 '무엇을 하게 하려는지'를 크게 적는다.

시나리오에 따라 연습하는 것도 좋지만, 실전에서는 지금 자신이 무엇을 이야기할 것인지를 한눈에 알 수 있는 메모 쪽이 편리하다.

메모를 정리해두면 다음에 다른 사람에게 같은 내용을 전할 때도 유용하다.

"이번 참석자는 성격이 급한 타입이니 '왜냐하면 패턴'으로 하자."

"오늘은 신속히 결단 내리길 좋아하는 임원을 대상으로 하니 데이터를 더 충실하게 하자."

이런 식으로 상대의 타입이나 타이밍에 맞춰 이야기의 흐름과 소재를 바꾸어 새롭고 독창적인 말하기를 할 수 있다. 모처럼 중요한 시간을 내서 준비하는 것이므로 회의, 미팅, 상담, 프레젠테이션 등 다양한 상황에 맞게 활용하도록 하자.

상대를 집중시키는
말하기의 3S

이제 이야기의 흐름은 정리가 되었다. 재료도 모두 갖추어졌다. 포인트도 정리했다.

마지막으로 남은 것은 화법과 단어의 선택이다.

포인트는 바로 세 가지, SIMPLE(단순), SPEED(속도), SELF-CONFIDENT(자신감)다.

이 세 가지는 사자키 히로히코의 저서 《GE 최강의 구조》에서 리더의 자질로 언급된 바 있다.

세상에 무수히 많은 키워드가 있지만 실제 강의 현장이나 많은 사람들의 말을 듣고 깊이 체감한 결론은 오직 이 세 가지였다. 나는 여기에 나름의 해석을 덧붙여 활용하고 있다.

우선 잔가지를 버리고 '심플' 하게 이야기를 만들면 '스피드 감' 이 생긴다. '스피드 감' 이 붙으면 말을 할 때 '자신감' 이 생긴다.

자신이 있으면 불필요한 말을 하지 않게 되므로 이야기가 심플하게 되고, 또 심플한 이야기는 스피드 감이 생기므로 듣는 이가 지루하지 않다.

심플, 스피드, 셀프컨피던트, 이 세 가지는 하나의 콘셉트다. 어느 한 부분을 향상시키면 나머지도 동반 상승효과가 나타난다.

단, 스피드는 어디까지나 '속도감' 이어야 한다. 말을 너무 빨리하면 알아듣기 힘들고 제대로 전달되지 않는다. 중요한 것은 상대방이 느끼는 스피드, 이해하는 스피드다.

이야기의 속도감을 위해서는 설명이 지저분하게 늘어져서는 안된다. 속도감이 없으면 3분도 길게 느껴지지만, 반대로 속도감이 있으면 세 시간의 프레젠테이션도 완전히 몰입해서 '더 듣고 싶다' 는 반응이 나오게 된다.

내용을 심플하게
만드는 요령

내용을 심플하게 하는 요령부터 시작해보자.

이를 위해 다음의 세 가지 노하우를 반드시 기억하자.

'.'로 짧게 말을 마친다

한 문장을 짧게 끊어 마침표(.)를 분명히 넣어야 한다. 그러나 많은 사람들이 말할 때는 쉼표(,)로 끊임없이 내용을 이어나가며 '.'는 잘 보이지 않는다.

"○○입니다만, 실은 △△의 경우도 있어서, 단지 □□하는 경우가 없다고 할 수는 없는데……."

준비 부족으로 자신이 없기 때문에 단언하지 못하고, 잠깐의 침묵도 두려워서 자꾸 ',' 로 메우려는 것이다. 우선 '……입니다만'의 문장부터 고친다.

"○○입니다. △△의 경우도 있었습니다. 단, □□의 사례도 있습니다" 하고 자신 있게 끊어서 말하는 용기를 갖도록 하자.

특히 에피소드나 사건의 전말을 전할 때, 그리고 자신의 경력을 말할 때 주의해야 한다. 전해야 할 포인트를 잡지 못했거나, 그 자리에서 떠올리면서 말하다가 ',' 가 없는 긴 문장으로 줄줄 흘러버리기 쉽다. 요점, 순서를 분명히 정리할 것. 단순한 일은 아니지만 의식하면 누구나 할 수 있다.

불필요한 접속사를 줄여라

',' 로 문장을 정리한 뒤 접속사에도 눈을 돌려보자. 흔히 볼 수 있는 것이 "그리고……. 그리고……. 또한……"이나 "다음에……. 다음에……. 더욱더……" 하는 식이다.

이런 문장이 반복되면 시간이 갈수록 이야기의 핵심이 점점 흐려진다. 세 번째가 무슨 이야기였는지 아무도 기억하지 못할 뿐 아니라 자신도 몇 번째까지 이야기했는지 헷갈리고 만다.

생략해도 이야기가 통하는 접속사는 과감하게 쳐내버리자.

'그리고, 다음에, 더욱더, 이제, 실은, 또한' 등의 말에 특히 주의한다. 이런 접속사를 생략하고 바로 주어로 들어가는 것이 한층 의미를 부각시키고 속도감도 생긴다.

"(우선) 여러분이 흥미를 가질 만한 수치부터 말씀드리도록 하겠습니다."

"(또한) 정반대의 사례도 있습니다."

"(그리고) 비용 면에서도 큰 이점이 있습니다."

문장에 접속사는 분명 필요하다. 그러나 접속사를 개별적으로 쓸 것이 아니라 "개요를 말씀드리겠습니다. 다음에 소개하는 것은 여러분이 가장 흥미 있어 하는 ○○입니다"와 같이 상대를 끌어당길 내용을 덧붙여서 이야기를 이어주는 것이 효과적이다.

상대가 알고 있는 단어를 사용한다

언어의 선택도 중요하다. 의미가 전달되지 않으면 아무런 의미가 없으므로 간단한 말, 상대가 알고 있는 단어를 구사해야 한다. 유행어나 업계 전문용어도 상대에게 익숙한지를 한번 생각해봐야 한다.

특히 많은 사람 앞에서 말을 하면서 어려운 사자성어나 학계에서나 사용하는 전문용어를 젠체히며 쓰는 경우를 쉽게 볼 수 있다. 많은 사람이 모이면 청중의 지식 수준은 제각각이다. 누구나 다 이해할 수 있도록 알기 쉽게 풀어서 말하는 것이 중요하다.

회사나 부서 내부에서만 사용하는 말도 요주의다. 자신의 부서에서 평소 자주 사용하는 말이라도 타부서 사람들에게는 위화감을 줄 수 있으며, 뜻이 통하지 않는 경우도 있다. 타사 사람에게 이야기를 할 때 자사의 튀는 용어가 포함되어 있지 않는지 미리 체크해 두자.

사내 용어나 자신의 말버릇은 의외로 잘 깨닫지 못한다. 중요한 연설을 앞두고 있다면 가족이나 친구들 앞에서 테스트를 하여 먼저 점검하는 것이 안전하다.

문장의 길이도 말하는 쪽과 듣는 쪽이 서로 다르게 느낄 수 있다. 자신은 짧게 했다고 생각하지만, 듣는 쪽에서는 길게 느끼는 것이다. 또 중요한 사항인데도 긴 문장에 묻혀서 전혀 전달되지 않을 수도 있다. 3분밖에 안 되는 시간이므로 한 번은 녹음을 해서 직접 들어보도록 하자.

심플하게 정리되지 않은 것은 준비 부족이라는 증거다. 준비 부족으로 자신이 없는 사람일수록 이야기가 주절주절 길어진다.

본론의 내용은
1.5배가량 준비하라

시나리오를 만들어 시간을 재면서 리허설을 해도 막상 실제 상황에서는 시간이 남아버리는 경우가 흔하다.

긴장한 나머지 말이 빨라지거나, 해야 할 말을 빼먹는다든지, 혹은 상대의 반응을 보고 필요 없다고 생각되는 부분을 생략하기 때문이다.

조금 짧아지는 정도라면 별문제가 없지만, 너무 빨리 끝나면 준비 부족이라는 인상을 줄 수 있다. 따라서 스피치나 언설을 의뢰받으면 나의 경우 요청받은 시간의 1.5배분의 본론을 준비한다. 3분 말하기라면 5분여 정도는 가능하도록 하고, 30분이라면 40~50분 분량의 내용을 준비하는 식이다.

실제 필요한 분량보다 많이 준비해둔 뒤 우선순위를 정한다. '오늘 꼭 해야 할 말'과 '시간이 없으면 잘라내도 좋은 말'로 나누는 것이다.

3분은 의외로 긴 시간이다. "3분짜리니 이 정도면 되겠지" 했다가는 어이없이 이야깃거리가 바닥나서 너무 일찍 김이 빠져버릴 수 있다.

물론 이런 상황에 미리 대비해두면 문제가 없다. 뜻밖의 상황에 부딪혀 당황하지 않으려면 플러스알파의 내용을 준비해두자.

플러스알파의 내용을 찾기 힘들다면 우선 당일 신문을 펼쳐보자. 한눈에 들어오는 숫자, 뉴스, 흥미를 끌 만한 기사가 있지 않은가?

회의에서 발표하는 경우라면 최근 1주일 사이에 상사가 말했던 숫자를 잘 떠올려보자. 클라이언트에게 제안을 하는 경우라면 지난번 혹은 과거에 만났을 때 상대가 사용했던 말이나 숫자를 되새겨본다.

실제 미팅이나 회의까지 1주일 정도 시간이 있다면 잡지를 몇 권 참고해보면 좋겠다. 간단한 에세이, 데이터가 실린 칼럼 등이 있을 것이다. 모두가 많이 읽는 잡지보다는 "그런 잡지가 나오는 것은 알고 있었지만 시간이 없어서 읽어보지 못했다"는 정도의 잡지가 듣는 이에게 신선하게 어필한다.

지나치게 마니아 취향인 잡지는 곤란하지만 해외 문서나 중고생을 대상으로 한 연설의 경우에는 젊은 취향의 잡지가 좋고, 사내 직원 연설에는 거래 기업의 업계 전문지 등이 효과적이다. 출처를 확실하게 밝힐 수 있도록 잡지명, 출판사명, 몇 월호인지도 메모해 둔다.

성공의 90%는
호감을 주는
외모와 전달력!

S
P
E
E
C
H

인사까지 7초 만에
승부가 결정된다

드디어 마무리다. 이번에는 호감을 주는 외모와 전달력을 향상 시키는 노하우를 익혀보자. 이번 장에서는 직접 몸을 움직여가며 따라하는 것이 좋다.

말을 할 때는 한눈에 들어오는 인상이 매우 중요하다. 사람의 첫 인상은 6~7초 만에 결정된다고 한다. 인상을 결정짓는 가장 큰 요소는 바로 '외모'다. 외모로 55퍼센트가 정해진다.

그다음이 '말하는 방법'이다. 목소리 톤, 속도, 말과 말 사이의 간격, 인토네이션, 이것으로 38퍼센트가 결정된다. 즉 "안녕하십니까. 글로바링크의 오쿠시 아유미입니다" 하고 인사를 하는 순간까지 첫인상의 90퍼센트가 정해지는 셈이다.

물론 중요한 것은 말의 내용이다. 하지만 상대방이 나의 자세를 처음 보고 인사를 듣는 순간 '아, 터무니없는 사람이 나왔군' 하고 생각할지, 아니면 '어떤 이야기를 해줄까?' 하는 기대감이 생길지가 정해진다는 사실도 간과할 수 없다.

그러므로 성공적인 말하기를 위해서는 외모를 어떻게 해야 할지도 연구해야 한다. 우선 자세를 교정하자. 오늘부로 불량 자세에서 벗어나자. 긴장하기 쉬운 연설이나 프레젠테이션의 사례를 통해 살펴보도록 하자.

제스처를 강조하는 손의 기본 자세

- 손은 몸 정중앙에 가볍게 떨어뜨린다.
- 손바닥을 몸 쪽으로 향하게 하고 중지가 스커트나 바지 옆 솔기에 닿도록 한다.
- 손가락은 자연스럽게 펴서 가지런히 한다.

이것이 기본 자세다. 자세가 올바르면,
"포인트는 세 가지입니다."

"○○씨, 어떻습니까?"

하고 말할 때 자연스러운 손의 움직임이 돋보인다. 손동작이 끝나면 바로 제 위치로 돌아온다. 이렇게 제스처에 변화를 주면 팽팽한 분위기가 조금씩 풀어진다. 주먹을 쥐고 있으면 어깨에 힘이 들어가 목소리도 잘 나오지 않으므로 가볍게 손의 힘을 뺀다.

몸 앞쪽으로 손바닥을 모으는 인사 자세도 있지만, 3분간 계속되면 오히려 긴장감이 높아진다. 뒷짐 지는 자세는 손에 뭔가를 감추고 있다는 인상을 준다.

듣는 이에게는 말하는 사람의 움직임 하나하나가 눈에 잘 띈다. 꾸물꾸물 움직이지 않도록 한다.

말하기 강의를 할 때 내가 첫 번째로 조언하는 것이 바로 손의 위치다. 이것을 제대로 하는 것만으로도 인상이 확 달라지기 때문이다. 거울을 보며 자신의 눈으로 직접 확인해보자.

자세는 말 이상으로 많은 것을 전달한다!

기본 자세를 배워보자.

- 우선 어깨에 힘을 빼고 가볍게 가슴을 편다.
- 등을 곧게 펴고 턱을 살짝 아래로 딩긴다.
- 발뒤꿈치를 붙이고 발끝은 가볍게 벌린다. 남성은 10시 10분,

여성은 11시 5분 정도의 각도가 적당하다.

이 자세에서 목소리도 편안하게 나온다. 이 상태로 인사를 하고 이야기가 시작되면 다리를 어깨 폭보다 넓지 않을 정도로 살짝 벌려준다.

실제 거울을 보고 한번 시험해보자. 처음에는 왠지 어색하게 느껴지지만 막상 거울로 보면 의외로 자연스럽게 느껴질 것이다. 그 차이를 체험해보는 것이 중요하다.

몇 번 하다 보면 어색한 느낌이 서서히 사라진다. 실전에 들어가기에 앞서 "어깨에 힘을 빼고, 가슴을 펴고……" 하는 식으로 순서대로 동작을 하면 된다.

현장에서는 몸의 방향도 매우 중요하다. 가슴은 항상 듣는 사람을 향한다. 화이트보드나 프로젝터를 사용하는 경우에도 손과 얼굴만 가볍게 자료 쪽을 향했다가 바로 원위치로 돌아온다.

자세는 말 이상으로 많은 것을 말한다. 우물쭈물하고 있으면 준비 부족이라는 인상을 주며, 반대로 너무 편한 자세를 하면 '전력을 다해 준비했다'는 신뢰감이 생기지 않는다.

몸만이 아니라 마음 자세도 거만해보이지 않도록, 또는 너무 위축돼 보이지 않도록 한다. 어떤 사람 앞에서든 등을 꼿꼿이 펴고 기본 자세로 임한다.

"이 사람들은 내 말을 잘 들어줄 것 같아. 간단해" 하고 쉽게 보거나 반대로 "너무 힘들어 보여. 다들 관심이 없는 것 아닐까?" 하고 맘대로 단정해서는 안 된다.

무뚝뚝한 얼굴을 하고 있어도 경청을 하는 사람이 있는 반면 방긋 웃으면서 딴생각을 하는 사람도 있다. 듣는 이의 반응에 일희일비하지 않는 자세가 중요하다.

TPO에 맞는 옷차림 − 얼굴 가까이에 악센트를 준다

당신은 발끝부터 머리끝까지 다 노출된다. 중요한 것은 청결감과 TPO(time, place, occasion : 시간 · 장소 · 상황)에 맞는 옷차림이다. 옷은 무리 없이 제스처를 할 수 있도록 적당히 피트 되는 것이 좋다. 소매길이는 손을 내렸을 때 손목뼈가 감춰지는 정도가 적당하다. 포인트 컬러는 상하로 겹치는 스타일이 안정된 인상을 준다. 예를 들어 갈색 벨트를 했다면 구두도 갈색 계열로 통일한다. 여성의 경우 귀고리가 골드라면 브로치나 시계도 골드 계열로 맞춰 튀지 않게 하는 것이 좋다.

사람들 앞에 서서 이야기할 때 남성이라면 넥타이, 여성이라면 브로치 등 얼굴 가까운 부분에 악센트를 주는 것이 효과적이다. 이는 상대의 시선을 위로 끌어올려 이야기에 정신을 집중하게 만드는 효과가 있다.

강한 인상을 주고 싶을 때, 혹은 자신의 주장에 동조하게 만들고 싶을 때는 넥타이도 빨강, 노랑, 오렌지 등 난색 계통의 '진출형'을 선택하는 것이 좋다.

블루 등 한색 계통은 '후퇴형'이다. 차분한 인상을 주고 싶을 때, 이야기를 냉정하게 전달할 필요가 있을 때 넥타이는 감색 등이 적당하다.

겉옷 주머니가 불룩 튀어나와 있는 사람, 단추가 제대로 채워져 있지 않은 사람, 스타킹 올이 나간 사람 등은 일단 이것만으로도 불합격이다. 머리카락이 내려와 얼굴을 가리지 않는 것도 중요하다. 얼굴 주위는 깔끔하게 정리한다.

기본적으로 외모를 당당하게 하는 체크포인트는 '실전에 바로 써먹는 3분 전 응급 스킬'에 소개한 그대로다. 스피치 당일 아침이나 가능하면 전날 밤 전신 스타일을 미리 점검해두도록 하자.

이제 기본 자세는 완성되었다. 그러나 3분 동안 꼬박 직립부동의 자세를 유지하기는 힘들다. 자연스러운 움직임, 변화 있는 제스처로 마지막까지 사람들의 마음을 붙잡아두는 요령 일곱 가지를 소개한다.

제스처로 사람들의
마음을 사로잡는 요령

■ 손가락질은 절대 안 된다

"○○씨 어떻습니까?", "그래프를 봐주십시오." 하고 가리킬 때는
손가락을 모으고 손바닥을 이용한다. "어떻습니까?"는 손바닥을
위로 해서, "봐주십시오"는 손바닥이 듣는 이 쪽을 향하게 한다.
"전 세계적으로……"라고 말하며 양손을 벌리거나 "포인트는 세
가지"라고 말하며 손가락 세 개를 펼쳐 보이는 등 포인트를 강조
하기 위한 제스처는 시선을 모으는 효과가 있다. 제스처는 크게,
그리고 분명하게 해야 한다.

　이야기를 하면서 손을 세로로 세워서 위아래로 계속 흔들거나
한쪽 손만을 이리저리 움직이는 사람이 있는데, 의미 없는 움직임

이나 제스처는 상대방의 집중력을 방해할 뿐이다.

건들거리지 않는다

몸을 이리저리 흔드는 습관이 있는지 체크해보자. 위아래로 흔드는 사람, 가로로 흔드는 사람, 다리를 떠는 사람이 의외로 많다. 양쪽 다리에 똑같이 체중을 실어 흔들거리지 않도록 하자.

그러기 위해서는 리허설부터 똑바로 서서 연습해야 한다. 앉아서 연습을 하면 막상 실전에서는 몸의 감각이 다르기 때문에 당황하거나 머릿속이 하얘지는 일이 있다. 실전에 메모를 가지고 들어갈 예정이라면 메모를 만들어서 그대로 연습한다.

메모는 한 손으로 잡는다

말하기는 기억력을 시험하는 자리가 아니다. 빈손으로 실전에 임할 자신이 없으면 메모를 들고 가도 상관없다. 단, 메모가 얼굴을 가려서는 안 된다. 가슴보다 아래쪽에 한 손으로 들고 있는 것이 좋다.

메모는 당당하게 본다. 흘금 흘겨보게 되면 오히려 모양새가 좋지 않다. 메모를 보는 것 역시 상대를 위한 일이다.

"○○씨가 매우 좋은 말을 해주셨습니다. (메모를 본다.) 팀의 구호로 하면 좋을 것 같습니다" 하고 말하고 사람들과 눈을 마주친 다음 구호를 소개한다. 중요한 구호를 메모를 보면서 전하면 한층 강한 인상을 준다.

도중에 더 이상 메모가 필요치 않다고 생각되면 자리에 놓거나 접어둔다. 사소해 보이는 이러한 동작이 의외로 자신감을 어필하는 효과가 있다. 메모는 반으로 접어 가볍게 손에 들어오는 사이즈가 좋다. A4보다 작은 크기에 정리한다.

마이크는 멀리, 낮게 든다

행사나 파티 등에서 마이크를 사용하는 경우가 있다. 마이크는 '멀리, 낮게' 드는 것이 기본이다. 요즘 나오는 마이크는 감도가 뛰어나 조금 떨어져 있어도 소리가 잘 전달된다.

핸드마이크는 손을 모아서 한 손으로 쥐어 가슴 앞에서 든다. 마이크로 입 주변의 표정이 가려져서는 안 된다. 마이크의 존재를 사람들이 잊어버릴 정도로 충분히 시선을 마주치는 것도 중요하다.

말하는 시간의 70퍼센트는 듣는 사람과 눈을 마주친다

상대와 눈을 마주치는 것은 매우 중요하지만, 그렇다고 계속해서 그 상태를 유지한다면 자신도 모르게 몸이 굳어진다. 여유를 가지고 '70퍼센트 정도만 눈을 마주친다'는 생각으로 임하면 된다.

"오늘 아침 신문을 보셨습니까?" 하고 상대의 시선을 그쪽으로 유도하거나, "오늘은 모처럼 날씨가 좋습니다" 하며 창 쪽을 가리 켰다가 "저도 기분 좋게 이야기를 할 수 있겠네요" 하고 다시 시선 을 모으는 방법도 있다.

본론으로 들어갔을 때는 때때로 손에 든 메모를 보거나, 자료를 보게 한다. 상대와 눈을 마주치지 않는 30퍼센트의 시간은 듣는 사 람의 시선이 이동하는 시간으로 처리한다.

전원이 보이는, 전원이 볼 수 있는 위치에 선다

연설이나 프레젠테이션이라면 눈을 마주치기 위해, 또한 제스처를 살리기 위해 서 있는 위치가 매우 중요하다. 전원이 보이는 곳, 전 원이 볼 수 있는 위치가 최적이다. 말하는 사람의 얼굴이나 움직임 이 보이지 않으면 사람들은 금세 싫증을 내고 만다. 말하는 이가 자신을 보고 있다는 긴장감이 없으면 옆사람과 소곤소곤 잡담을 하거나 딴짓을 하게 된다. 그런 느슨한 분위기는 주위에도 금세 전 염된다.

특히 파워포인트를 사용하는 경우에 연설자가 단순히 '컴퓨터 조정하는 사람'이라는 인상을 주지 않도록 적어도 오프닝만큼은 컴퓨터에서 떨어져 전원이 다 보이는 위치에서 시작한다.

억지 미소는 역효과

웃는 얼굴은 중요하지만, 그렇다고 계속 웃고 있을 필요는 없다. 이야기의 내용에 따라서는 미소보다는 야무진 표정이 효과적일 수 있다. 마음을 담아 상대와 대화하겠다고 생각하면 자연스러운 표정이 나올 것이다.

다만 표정이 딱딱하면 말투가 지루하게 느껴진다.

듣는 사람이 여럿이고 그들의 시선이 일제히 자기에게 쏠릴 때는 갑자기 몸이 굳어지겠지만 그럴수록 한 사람 한 사람과 눈을 맞춰나가는 것이 중요하다. '이쪽 사람', '저쪽 사람'과 일대일로 대화한다고 생각하면 자연히 '그 사람'을 향한 표정이 만들어지고 말투도 바뀌게 된다. 표정이나 말투에 사소한 변화가 생기면 스피치에 활력이 생긴다.

만약 긴장해서 땀이 나면 "실례합니다" 하고 재빨리 닦아낸다. 눈을 마주치지 못하고 슬쩍슬쩍 닦아내면 소극적이거나 뭔가 감추고 있는 듯한 인상을 준다. 그러나 똑바로 시선을 마주치면 보는 이도 자연스럽게 받아들인다.

말을 시작하기 전부터 땀이 맺혀 있으면 준비가 부족하다는 인상을 주어, 상대방도 덩달아 안절부절못하게 된다.

나의 경우는 강연 한 시간 반 정도 전에 미리 근처 카페 같은 데들어가 조용히 리허설을 해본다. 이렇게 하여 한여름에도 미리 땀을 식히고 기분도, 준비도 만전을 기한다. 이것 역시 실전에서 긴장을 줄이는 중요한 요령이다.

마지막으로 '흔히 저지르는 NG 스타일'을 소개한다(134쪽 그림 참조). 나와 상관없는 일이라 생각하지 말고 꼼꼼히 되새겨보자. 의식하지 못했던 자세나 동작으로 의외로 실격하는 경우가 많다.

9연속 NG 스타일

왠지 고압적이군요.

뭔가 감추고 있습니까?
다리 모양이 미덥지 않네요.

바지춤을 연신 올리는 동작,
보기 민망하죠?

나르시스트? 머리는 깔끔하게
정리하고 오셔야죠.

펜이 튈 것 같아
불안불안하군요.

원고를 그대로
읽으면 안 되죠.

듣는 이에게 손가락질하는 것은
매너가 아니죠.

무슨 불만이 있어서
나오셨나요?

등을 보이고 있으면
목소리도 잘 들리지 않죠.

몸을 움직였으니 잠깐 휴식을 가져보자. 이번엔 머리를 움직일 차례다. 우선 펜을 준비한다.

　다음은 전달력을 높이기 위한 일차적 질문이다. 평상시 자신의 모습을 떠올리며, 그렇게 생각한다 →○, 어느 쪽도 아니다 →△, 그렇지 않다 →×로 대답한다.

□ 비교적 큰 목소리로 말할 수 있다.

□ 템포에 변화를 주며 이야기한다.

□ 타이밍을 잘 맞춰 인사한다.

□ 부정적인 말보다 긍정적인 말을 많이 쓴다.

□ '감사합니다' 등의 인사말을 자주 한다.

□ 사람들의 이름을 잘 기억하여 정확히 불러준다.

□ 타인이나 회사 소문은 잘 옮기지 않는다.

□ 상대의 눈을 보며 이야기한다.

□ 사람들로부터 자세가 좋다는 말을 자주 듣는다.

□ 빨리, 그리고 시원시원하게 일을 한다.

□ 복장이 청결하고 깔끔하다.

□ 항상 미소를 띠고 있다.

회의에서의 말투에 대한 질문

☐ 남보다 먼저 회의장에 입장한다.

☐ 회의실이나 책상 위가 어수선하면 자발적으로 치운다.

☐ 발언, 발표를 할 때는 주어진 시간을 지킨다.

☐ 텍스트나 자료 등을 배포하기 전에 빠지거나 중복된 페이
   지가 없는지 반드시 확인한다.

☐ 상사나 후배에게 매너 있게 행동한다.

직접 해보니 의외로 '△'가 많지 않은가?

그보다 왜 이런 질문을 하는가 하면 평소의 말과 행동이 말하기
에서도 그대로 드러나기 때문이다. 평소 말이 많은 사람은 시간 안
에 연설을 끝내기가 힘들다. 말을 거칠게 하는 사람이 연설에서 말
을 아름답게 할 수는 없으며, 평소와 다르게 사람들 앞에서 아름다
운 미소를 짓고 활기차게 행동할 수도 없다.

이 체크리스트는 자신의 본모습을 머릿속에 그리게 만드는 효과
가 있다. 자신 있게 'O'를 했던 항목은 나의 강점이다. 이 부분은
더 살리도록 하자. 반대로 'O'를 하지 못한 항목은 평소 주의해야
할 포인트다. 개선점을 의식하면 자연히 고칠 수 있다.

자각은 최고의 명약이다. 자신의 약점을 알게 되었다면 이제 수
업으로 되돌아가자.

뚜렷하고 분명하게 전달하는
'입모양 & 발음' 트레이닝

외모를 단정히 했다면 이번에는 분명하게 말을 전할 수 있도록 목소리와 발음을 짚어본다. 가장 뒤에 앉아 있는 사람에게까지 똑똑히 들리는 스피드, 톤, 볼륨이 기본이다.

- 스피드   말을 빨리 하면 알아들을 수가 없다. 그렇다고 해서 너무 느려도 답답하다. 한 문장이 끝나면 반드시 다음 문장과 시간 간격을 둔다. 이를 위해서라노 한 문장을 짧게 끊는 것이 중요하다.
- 톤   여성은 목소리 톤을 약간 차분하게 낮추고, 남성은 너무 가라앉지 않도록 주의한다. 바른 자세로 배에 힘을 주어 말하면

톤을 조절할 수 있다.

• 인토네이션 올려야 할 곳은 확실히 올리고 내려야 할 곳은 확실히 내린다. '다음과(↗)같습니다(↘) 하고 한 문장을 완만한 산 모양으로 둥글게 표현하는 식이다. 어미를 무턱대고 올리지 않도록 한다. 흐지부지 끝내지 말 것. 길게 늘이지 말 것.

• 볼륨 목소리가 크다고 다 좋은 것은 아니다. '아─' 하고 소리를 내면서 턱을 위아래로 움직였을 때 가장 편하게 소리가 나는 각도를 찾는다. 그 각도에서 배에 힘을 주어 말한다. 그리고 상대의 반응을 보면서 성량을 조절한다. 변화를 주는 것도 중요하다. 큰 목소리를 내는 사람은 중요한 키워드에서 오히려 소리를 낮추고, 반대로 큰 목소리가 나지 않는 사람은 키워드에서만큼은 조금 큰 소리로 말한다.

"중요한 것은…… (볼륨을 바꿔서) 전달력입니다."

키워드 전에 1~2초 간격을 두는 것도 포인트다.

단어를 하나하나 분명하게 발음한다. 큰 소리를 내지 않아도 단어를 똑바로 발음하면 확실하게 귀에 들어온다.

다음에 올바른 입모양과 발음 연습을 소개한다.

'아이우에오' 입모양 연습

입술을 둥글고 크게 벌려서 '아' 하고 소리 내본다. 손가락이 세로로 세 개 들어갈 정도로 크게 벌린다. '이'는 입 끝을 양쪽으로 끌어당기는 느낌으로 가로로 길게 벌린다. '우'는 입술을 작고 둥글게 만든다. '에'는 입술을 사각형 모양으로 벌리는 느낌이다. 세로와 가로 모두 크게 벌려서 발음한다. '오'는 입 안에 구멍을 만드는 느낌으로 세로로 길게 벌린다.

특히 평소 목소리가 작다는 말을 자주 듣는 사람, 사람들이 "응? 뭐라고?" 하고 되물어보는 일이 많은 사람에게 추천한다. 입술의 유연성을 높이는 데 상당히 효과적이다.

| 아 | 이 | 우 | 에 | 오 |

빠른 말로 발음 연습

'서울특별시 특허허가과 허가과장 허과장.'

— 우선은 워밍업. 모음의 발음에 유의하면서 한 자 한 자 분명하게 발음한다.

'내가 그린 기린 그림은 긴 기린 그림이고, 네가 그린 기린 그림은 안 긴 기린 그림이다.'

— 의미가 똑바로 전달되도록 인토네이션에 세심하게 주의하면서 발음한다.

'경찰청 쇠창살 외철창살, 검찰청 쇠창살 쌍철창살.'

— 일단 한 번 성공했다면 속도를 높여서 입 주위 근육을 단련시킨다.

'간장 공장 공장장은 강 공장장이고, 된장 공장 공장장은 공 공장장이다.'

— 입모양을 정확하게 해야만 의미가 전달된다. 다시 한 번 연습해보자.

'신진 상송가수의 신춘 상송 쇼.'
— 짧지만 상당히 어려운 문장이다.

정확한 발음을 내도록 평소에 연습을 해두면 일상 대화에서도 변화를 느낄 수 있다. 꼭 연습해보도록 하자.

상대를 내 편으로 만드는
3가지 긍정 화법

■ 전달력을 높이기 위해서는 언어의 선택도 매우 중요하다. 같은 말을 해도 어떻게 전하는가에 따라 청중이 받아들이는 강도가 크게 달라진다.

좋은 말하기의 원칙은 '상대에게 플러스가 되는 표현'을 하는 것이다. 바로 실천할 수 있는 요령 세 가지를 소개한다.

우선, 머리말부터 다듬는다.

"변변찮은 이야기로 부끄럽습니다만", "준비 부족으로 죄송합니다만……" 등 부정적인 표현은 과감하게 잘라버린다. 아무리 겸손의 표현이라도 입 밖에 나오는 순간 상대는 경청할 의욕을 상실해버린다.

"조금 어려운 이야기입니다만……" 하고 변명할 것이 아니라 "익숙하지 않은 단어입니다만 컴플라이언스(compliance 규정, 법령 준수)는 최근 여러분의 일과 관련된 중요한 과제입니다. 오늘 그에 관한 세 가지 요점만큼은 반드시 알고 돌아가시기 바랍니다"라는 식으로 어렵지만 매우 중요한 이야기라는 것을 확실하게 어필한다. 자신의 말을 들으면 얻게 되는 이득과 듣지 않았을 때 입을 손해를 분명히 전달하는 것이 요점이다.

"잘 아실지 모르겠습니다만", "잘 아시리라 생각합니다만……"은 말을 시작할 때 흔히 하는 상투어다.

이런 표현 대신 "○○에 대해 알고 있습니까?" 하고 질문을 던지면 쌍방향 소통의 느낌이 한층 강해진다. 질문한 다음에는 상대의 반응을 살피고 이렇게 말을 잇는다.

"잘 아시는 분도 있고 모르시는 분도 있는 듯하니 확실하게 하기 위해 짚고 넘어가겠습니다."

모르는 사람이 많을 경우 다음과 같이 말하면 흥미를 유발시킬 수 있다.

"그렇다면 잘됐네요. 이번 기회에 살 들으셔서 오늘부터 꼭 활용하시기 바랍니다."

반대로 모두가 잘 알고 있는 듯하면 이렇게 말한다.

"감사합니다. 잘 알고 있는 듯하니 상세한 설명은 생략하도록 하겠습니다."

이런 식으로 상대의 반응에 맞춰 내용을 조정한다. 무리한 설명을 생략하는 것은 듣는 이에게도 반가운 일이다. 일단 질문을 던져보고 그 반응을 통해 다음 이야기로 이어가는 것이 중요하다.

"알고 있는 분은 손을 들어주시겠습니까?"

이렇게 상대의 액션을 요구하는 것은 매우 어려운 일이다. 질문을 하고 반응을 보는 것만으로도 의미가 있긴 하지만 나는 자주 "잘 아시는 분……?" 하고 물으면서 한 손을 든다. 말이 아니라 제스처로 전하는 방법이다. 한 손을 든 채로 청중을 돌아보며 몇 초간 기다린다.

그 외 "익숙하지 않아서", "사람들 앞에서 말을 잘하지 못하는 타입이라", "듣기 힘든 점도 있겠지만, 3분밖에 걸리지 않으니 잘 부탁드리겠습니다" 하고 시작하는 장면을 흔히 볼 수 있다. 자신의 솔직한 감정을 전하는 것이니 큰 문제가 아니라고 할 수도 있겠지만 나는 분명 규정 위반이라고 생각한다. 청중들로서는 이런 말을 듣는다고 해도 어찌할 도리가 없을 뿐 아니라 "그러니까 참아라", "잘 못하더라도 용서하라"는 식으로 받아들일 수 있다.

"다소 목소리는 떨리지만, 꼭 전하고 싶은 말이 있으니 분발해서 하겠습니다."

"잘 들리지 않거나 이해가 안 되는 부분이 있으면 이야기 중간이라도 지체 없이 말씀해주십시오."

이런 식으로 상대를 위해 최선을 다하겠다는 자세를 전하는 것이 바람직하다.

두 번째는 '단어' 개혁이다.

예를 들어 '오래되었다'는 말은 '역사가 있다', '실적이 있다'라든지, 물건이라면 '연륜이 보인다', '손때가 묻어 정취가 있다'는 식으로 바꿀 수 있다.

반대로 '역사가 짧다'는 '젊음이 느껴진다', '앞으로 기대되는 회사다' 등으로 표현하면 한결 분위기가 좋아진다. 거짓말이나 겉치레는 역효과를 부르지만 실제 말은 하기 나름이다. 평소에 긍정적으로 표현하는 연습을 해두면 긴장되는 자리에서도 틀림없이 좋은 말이 떠오를 것이다.

세 번째는 '마이너스 BUT 플러스' 화법이다.

아이디어, 기획, 신상품을 제안할 때는 플러스와 마이너스, 양쪽 정보를 다 전달해야 한다. 이 경우는 "훌륭한 상품입니다만 단가가 높습니다"라고 말하기보다 이렇게 말하는 것이 좋다.

"다소 가격이 비싸지만, 처리 속도는 경쟁 제품의 두 배입니다."

"시간은 걸리지만, 완성도가 높고 견고함에 차이가 있습니다."

부정적인 내용을 먼저 전하고 긍정적인 코멘트로 문장을 마치는 것이다.

긍정적인 면만을 계속 늘어놓으면 듣는 이는 부정적인 면을 찾게 되고 마지막에 "그래서 얼마죠?" 하고 질문을 하게 된다. 그제야 "아, 가격은 조금 비싸서……" 하는 식이 되어버리면 가격에 신경 쓰지 않던 사람도 '이 상품은 비싸다'는 인상을 갖게 된다.

부정적인 정보일수록 먼저 선수를 쳐서 알려주는 것이 좋다.

긴장해서 목소리가 떨릴 때
바로 써먹는 '주문'

■ '떨면 안 된다'고 생각하면 오히려 더 긴장이 된다. 보통 말하는 사람이 신경 쓰는 것만큼 듣는 이들은 신경을 쓰지 않는다. 우선 어깨 힘을 빼자.

어떤 사람이 자신만만하게 술술 말을 했다. 그다음 사람은 목소리가 떨렸다. 땀이 나고 도중에 말도 막혔다. 그러나 자신만의 메시지를 자신의 목소리로 성실하게 진하려는 노력이 돋보였다. 어느 쪽 내용이 더 기억에 남을까?

술술 말을 잘했던 쪽의 말이 오히려 쉽게 잊힐 수 있다. 양쪽 귀를 술술 지나 다시 새어나가는 것이다. 자신은 기분 좋게 만족했을지 몰라도 상대방의 기억에 남지 않는다면 모처럼의 기회도 의미 없이 되고 만다. '떨지 않고 술술 말할 수 있다' 라는 목표 따위는 굳이 가질 필요가 없다. 오히려 그러한 집착이 떨리는 원인으로 작용한다.

떨림증을 예방하는 처방전을 구해보자. 그것은 바로 준비하기, 연습하기, 장소에 일찍 들어가기다.

물론 그래도 긴장을 완전히 떨칠 수는 없다.

목소리가 떨리는 것은 심지어 나도 종종 경험한다. 하지만 얼마 시간이 지나면 사라질 것이라 생각하기 때문에 "아, 목소리가 떨린다……" 하고 받아들이고 그대로 계속한다. 일부러 이것을 생중계하는 경우도 있다.

"제 목소리가 지금 떨리고 있는데 느끼셨습니까? 저도 이렇게 긴장하고 있는 줄은 몰랐습니다. 오늘은 제가 무척 진지하네요."

떨림을 막을 요령을 찾기보다 어깨 힘을 뺄 수 있는 자기 나름의 '주문' 을 생각해두도록 하자.

옷차림이 단정한지 꼼꼼히 체크하고 "오늘도 파이팅!" 하고 스스로를 격려해보는 것도 좋다. '아이우에오' 하고 입모양 연습을 하며 얼굴 근육을 풀어도 좋다.

거울 앞에서 "럭키-, 쿠키-, 위스키-" 하고 소리 내어 말하고 미소를 지어보는 것만으로도 OK.

혹은 오늘의 만남에서 이것만 전하면 OK라고 생각하는 키 프레이즈를 세 번 반복한다.

사람들에게 도움이 되는 메시지나 정보를 전달해야 한다. 그러기 위해 최선을 다하면 그 진심이 충분히 전달되어 사람들의 기억에 남는 만남이 될 것이다.

'3분'에 성공하면 일대일 상담, 1시간 프레젠테이션도 문제없다!

S
P
E
E
C
H

3분 말하기를 마스터하면
일대일 상담의 타율도 올라간다!

레슨 3까지 마스터했다면 3분 말하기는 이제 졸업한 셈이다! 충실하게 경험을 쌓으며 스킬을 다듬어가도록 하자.

한 번에 완벽하게 하겠다는 욕심을 부려서는 안 된다. "오늘은 문장과 문장 사이를 충분히 끊어서 가겠다"라든지 "이번엔 불필요한 군더더기, 접속사를 반으로 줄이겠다"는 식으로 자기 나름의 과제를 정하여 하나하나 풀어간다.

말하기가 한결 부드러워지거나 상대의 반응에 변화를 실감하는 것이 달인이 되는 지름길이다.

모처럼 익힌 3분 말하기 전략은 비즈니스 커뮤니케이션 전반에 활용할 수 있다.

일대일 상담이건 한 시간짜리 프레젠테이션이건 기본은 같다.

- 상대에게 돌아가는 이점을 찾고, 이들의 액션을 유도한다는 생각을 기본으로 내용을 만든다.
- 오프닝에서 호기심을 유발하고, 본론에서는 이해와 납득을 시킨다.
- 상대를 안심시키는 차림, 편안하게 들을 수 있는 목소리와 단어에 유의한다.

여기에 더해 프레젠테이션의 경우는 '질의응답'의 스킬도 필요하다. 기획안 통과, 상품 구매, 성과 · 실적 인정 등이 목적인 프레젠테이션의 경우 목표가 뚜렷하다. 설명을 통해 "검토를 부탁드립니다"로 끝낼 것이 아니라 질문을 이끌어내고 듣는 이의 의문이나 의심을 불식시키고 프레젠테이션 도중에라도 바로 검토를 시작하게 만들어야 한다.

우선 장시간의 프레젠테이션에 참여의식을 가지고 경청하게 만들기 위해서는 싫증을 느끼지 않도록 하는 것이 무엇보다 중요하다. 이번 장에서는 파워포인트를 활용하는 기본 스킬 등을 소개한다.

일대일 상담에는 다른 어떤 상황보다 '고객 맞춤형' 연구가 필요하다.

누구나 알고 있는 최대공약수적인 단어가 아니라 그 사람이 좋아하는 언어를 가급적 많이 사용하는 것이 바람직하다. 또한 일반적인 화제가 아니라 그 사람이 듣고 싶어하는 이야기를 한다. 내가 말하기보다는 상대의 말을 이끌어내고 상대를 이야기의 주인공으로 만드는 것도 중요하다.

"여러 사람 앞에 나서서는 잘 못하지만 일대일 대화나 상담이라면……" 하고 말하는 사람이 상당히 많다.

하지만 실상 이런 사람은 일대일 상담도 서툴다. 상대는 눈앞에 앉아 있는 그의 이야기를 어쩔 수 없이 듣고 있는 것뿐이다. 그것은 어쩌면 서툰 연설을 듣는 것보다 더 고역일 수 있다. 때문에 자신 있다고 자부하였지만 막상 상대로부터 '예스'를 듣는 횟수는 많지 않다.

3분 말하기의 노하우를 제대로 익히면 일대일 상담의 타율도 높아진다.

3분마다 180도
세상을 바꾸는 방법

사람은 기본적으로 말을 하고 싶어한다. 말주변이 없는 사람이라도 실은 말을 하고 싶어한다. 그런 사람들에게 계속 이야기를 들어달라고 하면 아마 3분 정도가 한계일 것이다. 때문에 일대일 상담도, 한 시간짜리 프레젠테이션도 3분을 기본 축으로 짜야 한다.

오프닝에 3분, 클로징에 3분, 본론 역시 꼭 전해야 할 포인트를 정리하여 '1단락에 3분'을 기본으로 구성한다.

3분 안에 끝내지 못할 이야기는 없다. 직접 소리를 내서 리허설을 해보도록 하자. 3분으로 끝나지 않았다면 내용에 곁가지가 많거나 포인트를 잘 뽑아내지 못했기 때문일 것이다. 상품의 '설명'과 '사례'를 나누어서 두 단락으로 만든다든지 세 가지 특징을 세 가지 이야기로 나누어 설명하는 등 하나의 이야기에는 한 가지 포인트만 압축시킨다.

하나의 이야기가 3분을 넘으면 듣는 쪽이나 말하는 쪽 모두 피곤해진다. 듣는 사람이 싫증을 내지 않도록 하기 위해서, 그리고 자신의 집중력을 유지하기 위해서라도 3분이 경과하면 이야기를 바꾼다. 혹은 조금 분위기를 바꿔본다. 자료 없이 3분간 이야기를 했다면 "그러면 이제 아래의 자료 ○페이지를 봐주십시오" 하고 행동을 촉구한다. 이렇게 하면 자료를 들추는 소리로 내부 공기가 움직이고, 말하는 쪽도 잠시 여유를 가질 수 있다.

자료를 이용하여 3분간 설명을 하였다면, "이제까지의 부분에서 질문이 있습니까?" 하고 질문을 던져본다. 상품의 설명이 끝났다면, "이미 도입을 해서 성공한 기업이 있습니다" 하며 스크린에 파워포인트 자료를 비춘다. 이것도 3분이 경과하면 화면을 끝내고 내부 풍경을 확 바꾸어준다.

강연 시에도 가능하면 단순히 이야기가 3분 이상 이어지지 않도록 한다. 3분간 이야기를 하였다면 질문을 빈거나 텍스트를 보도록 하는 식이다. 손을 움직이며 체크 시트에 ○, ×를 체크하게 하거나 그룹 토론을 유도하기도 한다.

소도구를 이용하지 않고 화제를 바꿀 경우에는 '사이'와 '들어가는 말'이 중요하다. 예를 들어 경비에 관해 스피치를 마쳤다면, '1, 2, 3……' 하고 마음속으로 센 뒤 "납기에 대해서도 궁금하시겠죠?" 하고 새로운 화제를 꺼낸다.

"그러면 다음으로……"와 같은 접속사를 끼워넣지 않고 순간 화제를 바꾸는 것이 포인트다.

"자, 그럼 계속해서……"와 같은 말을 하면 "또 이어지는 건가?" 하고 듣는 이들이 벌써 싫증을 낸다.

분위기를 순식간에 바꾸기 위해서는 불필요한 말버릇을 반드시 줄여야 한다. 시간만 끄는 '아 - 그리고', '저-', '에-'는 과감하게 생략한다. 의미도 없이 '역시', '즉', '역으로', '요약하면'을 연발하는 것도 NG다. '역으로'라고 말하면서 역으로 말을 하지 못하는 사람, '요약하면'이라고 하면서 요점을 파악하지 못한 사람이 더 많다.

"실은 말이죠, 저, 여기가 말입니다, 매우 어려운 부분입니다……" 하고 필요 없이 늘어지는 말을 싹둑 잘라버린다.

"예, 그럼 시작하겠습니다", "……의 성과가 나왔습니다, 예" 하고 무의식적으로 '예'를 반복하는 것도 스피치나 프레젠테이션에서 흔히 볼 수 있는 불필요한 잡음이다. 계속 듣다 보면 귀에 거슬린다.

갑자기 이 모든 말투를 고치기는 어렵겠지만, 처음에는 두 번에서 한 번으로 줄인다는 각오로 임하도록 하자. 의식적으로 줄여가면 적당한 여유도 생기고 다른 단어가 강조된다.

프레젠테이션이라면 한 시간 중 3분 정도 자신이 말을 하지 않는 시간을 만드는 것도 중요하다. 어느 한순간 몰아서 3분을 만드는 것이 아니라, 중간에 잠시 한 호흡 쉬거나 소도구를 보여주거나, 질문을 하여 청중의 반응을 보는 등의 시간을 총 3분 정도 생각한다.

시간이 남았을 때를 대비해 예비로 3분 정도 화제를 준비해두는 것도 현명하다. 3분간 얘기할 수 있는 소재를 여러 개 준비해두었다가 청중의 반응에 따라 내용을 덧붙이거나 바꿀 수 있다.

"슬라이드에는 없습니다만 이해를 더하기 위해 또 한 가지 사례를 소개하도록 하겠습니다" 하고 임기응변으로 상대 맞춤형 프레젠테이션을 하게 되면 호응도도 상당히 높아진다.

3분으로 하나의 내용을 완결하고 3분을 단락으로 큰 흐름을 만들어두면 이야기가 다소 옆으로 빠져도 큰 줄기를 잃어버리지 않고 돌아올 수 있다. 이야기가 딴 길로 너무 빠지지 않도록 예비로 준비한 내용까지 포함해서 반드시 한 번은 큰 소리로 연습해보고 '이 정도에서 대개 3분'이라는 감각을 익혀두는 것이 중요하다.

일대일 상담에선
상대의 언어를 이용하라

일대일 상담도 기본은 같지만, 3분간 일방적으로 혼자만 이야기를 해서는 안 된다. 한 가지 이야기를 3분 정도 '대화'로 만들어 낸다.

같은 화제로 3분 이상 이야기가 길어지면 상대는 점차 싫증을 낸다. "조금 더 진도를 나가자"고 유도할 때라도 3분이 지나면 변화구를 던져서 시선이나 분위기를 바꾸어야 한다. 질문이나 소도구를 잘 이용하면 효과적이다.

일대일인 경우는 자신의 이야기를 듣게 만드는 힌트를 스피치나 프레젠테이션보다 훨씬 많이 얻을 수 있다. 그런 이점을 잘 활용하기 위해서라도 자신보다 상대가 더 말을 많이 하도록 하는 것, 그리고 상대의 이야기를 잘 듣는 것이 중요하다. 거기서 얻은 상대의 키워드, 상대가 좋아하는 말을 이용해서 대화를 진행한다.

"고객 만족을 높이려면……" 하고 말을 꺼냈을 때 상대가 "아, CS군요" 하고 반응을 하였다면 CS라는 말을 사용해서 이후의 대화를 진행한다. 오늘 내가 전해야 할 내용이 비록 '효율'이라고 해도 상대가 "비용이죠, 비용"이라고 했다면 비용 이야기부터 시작한다. 내용 역시 상대의 요구나 관심사에 맞춰서 순서를 바꾸거나 분량을 조절한다.

빈손으로 가서 상대의 이야기를 들으면서 적당히 해보겠다는 심산이라면 매우 위험하다. 3분 말하기의 본론을 짤 때와 마찬가지로 상대의 타입이나 상담의 타이밍에 맞춰 어느 정도 이야기 순서와 내용을 준비해가는 것이 중요하다. 초면의 상대라도 이런 이야기에서 상대가 어떤 의문, 어떤 의심을 가질 것인지, 어떤 질문을 해올 것인지에 대해 나름대로 생각해둔다.

상대방과 대화를 늘리는
질문 테크닉

■ 질문하기, 문제 제기 등은 듣는 이에게 쌍방향 소통의 분위기를 조성해주는 중요한 도구다. 일대일 상담과 프레젠테이션 모두에 필수적인 스킬이다.

효과적으로 질문하기 위한 방법과 요령을 소개한다.

질문의 목적을 생각하라

"연수에 처음으로 참가하시는 분 있습니까?" 하는 간단한 질문이라도 손을 들게 하려면 상대를 움직여야 한다. 말로 대답하는 질문 역시 마찬가지다.

"오늘 모인 여러분에게 맞춤 강의를 진행하기 위해서 몇 가지 질문을 해보겠습니다."

이처럼 무엇 때문에 자신이 손을 들어야 하는지, 질문의 목적·이유를 분명하게 전한다. 질문에 대답하는 이점을 확실하게 전하지 않으면 "왜 이런 것에 대답해야 하는 거야?" 하며 소통은커녕 오히려 반감만 불러일으킨다.

상대의 생각이나 프로필을 파악하기 위한 질문 외에 분위기를 부드럽게 하기 위한 질문, 주요 인사의 입을 열게 하는 질문도 있다.

분위기를 풀기 위한 질문이라면 "매출을 더 늘릴 여지가 있다고 생각하지 않습니까?" 등과 같이 상대가 대답하기 힘든 질문이나 대답하고 싶지 않은 질문, 대답을 하기에 문제가 있는 질문은 피한다.

"○○님, 이번 목표는 △△ 정도면 되겠지요?"

"세 가지 포인트 중에서 ○○님이 가장 중요하다고 생각하는 것은 무엇입니까?"

이처럼 주요 인사의 말을 이끌어냄으로써 이야기의 전제나 방향성을 공유하여 상대를 납득시킬 수 있다. 대답이 '비용'이라는 것을 이미 알고 있어도 주요 인사가 '비용'이라는 말을 하면 "그러면 오늘은 비용에 대해 말씀드리겠습니다. 왜냐하면……" 하고 이야기를 시작하는 것이 설명을 길게 늘어놓는 것보다 설득력이나 임팩트 면에서 더 강력하다.

대답하기 쉬운 질문을 하라

처음에는 간단하게 예, 아니요로 대답할 수 있는 질문을 한다. 예를 들면 "프레젠테이션의 경험이 있습니까?" 하고 말을 꺼낸 뒤 몇 가지 선택의 여지를 주고 택일하는 질문을 던진다.

"경험이 있는 분에게 묻겠습니다. 경험 횟수가 1~3회인 분……, 4~9회인 분 ……, 10회 이상 되는 분……?"

"사람들 앞에서 입이 잘 떨어지지 않는다는 분……, 전혀 어렵지 않고 오히려 자신 있다는 분……, 그 어느 쪽도 아니라는 분……?"

이런 식으로 이어가면 쌍방향 소통의 분위기가 형성된다. 포인트는 전원이 반드시 어느 쪽이든 해당될 수 있도록 대답을 준비하는 것이다. '예' 도 '아니요' 도 대답하기 애매한 경우에 대비해 '어느 쪽도 아니다', '잘 모르겠다' 와 같은 보기도 만들어준다.

"세 가지 보기 중에서 가장 가까운 것에 손을 들어주십시오."

"대략적인 느낌이라도 좋습니다."

이렇게 한마디 덧붙이면 청중은 훨씬 쉽게 대답할 수 있고 말하는 사람도 더 원활하게 반응을 얻어낼 수 있다.

대화에 참여하면서도 부담은 느끼지 않게 하는 것이 질문하기의 철칙이다.

질문의 타이밍과 상대를 잘 선택하라

스피치나 프레젠테이션에 참가한 사람들이 모두 이야기를 열심히 듣는 것은 아니다. 멍하니 있는 사람에게 "○○ 씨, 어떻습니까?" 하고 갑작스레 묻는다면 곤란하다. 대답하지 못하는 당사자는 물론 주변 사람들까지 분위기가 썰렁해지고, 이렇게 되면 앞에 선 사람도 말을 하기 힘들어진다. 질문할 때는 타이밍을 잘 보면서 이제부터 질문 시간이라는 것을 예고한다.

"여러분에게 묻겠습니다. ○○라는 키워드를 가장 최근에 들은 것은 언제입니까?"

그런 다음 이야기를 풀어간다.

"그러면 ○○ 씨에게 묻겠습니다. 괜찮으시죠?"

나의 경우 조는 사람이 있으면 옆자리에 앉은 사람에게 말을 시킨다.

"○○ 씨, 그 부분을 좀 읽어주시겠습니까?"

이렇게 요청하면 멍하니 있던 옆자리 사람도 움찔하여 자세를 바꾸게 된다. 질문은 이야기에 집중하도록 하기 위한 방법이다. 상대를 창피하게 하거나 곤란하게 만들이시는 안 된다.

지명을 해서 질문하는 경우에는 상대를 잘 골라야 한다. 초면인 사람이라도 상대의 눈을 잘 보며 관찰하면 우호적인 한두 명을 찾아낼 수 있을 것이다.

상대의 대답을 사실로써 존중하라

이것은 질문자로서 당연한 매너임에도 의외로 상대의 말을 듣지 않는 사람이 꽤 많다. 대답을 미리 설정해서 시나리오를 만든 탓에 "○○로 힘드시죠?"라는 질문에 "아니요. 그렇게 힘들지는 않은데요" 하는 대답이 돌아오면 "아, 하지만 실제로는 힘들어하시는 분이 많습니다. 그러므로……" 하고 당황하거나 상대를 무시하고 이야기를 진행해버리는 일이 있다. 이렇게 되면 대답을 한 사람만이 아니라 다른 사람들도 무리한 이야기 전개에 실망을 하게 된다.

이럴 때는 다음과 같이 받아친다.

"그러면 사용법이 매우 좋았던 것이네요. 나중에 그 힌트를 꼭 들려주시기 바랍니다."

그러고는 자신의 이야기로 돌아간다.

"제가 지난주 스무 명에게 조사를 하였을 때는 80퍼센트 정도가 사용에 어려움이 있다고 대답을 해주셨습니다. 아직 어려움을 느끼는 분도 많이 있는 듯하니 오늘은 그쪽에 초점을 맞춰 이야기를 진행하겠습니다."

혹은 이렇게 이어갈 수도 있다.

"그런 분이 있다니 용기가 나는군요. 얼마 전 조사에서는 스무 명 중 열여섯 명이 사용하기 힘들다고 대답을 해서 매우 실망했었습니다. 이분처럼 긍정적인 대답이 아직 많지 않으니 오늘은 열여섯 분을 위해 이야기를 진행하도록 하겠습니다."

이처럼 상대의 대답을 사실로 충분히 존중하는 것이 중요하다.

"그렇게 말씀을 하시지만, 현실은 매우 힘들다고 생각합니다."

"그것은 예외입니다. 여러분들이 어렵다고 말씀하셨기 때문에……" 하고 폄하하거나 부정해서는 안 된다. 질문을 준비할 때는 다양한 대답을 예상하여 이에 대비하는 방법이나 뒷이야기와 이어가는 방법까지 생각해둔다.

1.5 왕복의 대화 기술을 익혀라

질문이 일문일답으로 끝나지 않는 것도 중요하다.

"○○입니까?"

"△△입니다."

"아, 그런 것도 있었군요!"

이런 식으로 마지막에 또 한 번 반응을 보여주어 1.5회 왕복하는 대화가 되면 한층 소통하는 분위기가 무르익는다. 마지막 말은 상대의 의견에 납득을 하거나 감탄을 하면서 "역시, ○○이군요. 감사합니다" 하고 대답해준 것에 대한 감사가 되어도 좋다. 예상 밖의 대답이라면 "매우 놀랍습니다. 처음 접한 의견입니다" 하고 긍정적으로 수용한다.

놀라면서도 확실한 인정을 받으면 상대는 기분 좋아한다. 단, 이 대화는 대답해준 사람과 그 자리에 있는 다른 사람, 양쪽 모두에게 보내는 메시지가 되어야 한다.

"역시 ○○이군요" 하고 상대방에게 대답을 하면서도 키워드를 전원이 들을 수 있도록 반복하여 "좋은 의견을 내주셨습니다" 하고 다른 사람과도 시선을 마주치며 이야기를 한다.

마지막 0.5 왕복을 잘 해내면 이후 간단한 질의에도 한층 적극적인 분위기가 조성된다.

돌발상황에도 당황하지 않는
'대답'의 기술

■ 질문은 하는 것만이 아니라 많이 받는 것도 중요하다.

프레젠테이션이나 일대일 상담에서 질문을 많이 받는 것은 그만큼 상대가 이야기에 열중했다는 증거다. 발표 마지막이나 단락 단락마다 "질문 있습니까?" 하고 묻도록 한다.

단, 질문의 조절이 능숙하지 않으면 자칫 난감한 상황으로 이어질 수 있다. 상대를 납득시키고 평가를 높이는 질의응답의 기술을 익혀보도록 하자.

대답하는 타이밍은 스스로 조절한다

간단한 의문 사항이나 확인은 그 자리에서 바로 한다. 하지만 나중에 설명하려는 내용을 질문받는 경우가 있다. 이때 "아, 그것은……" 하고 미리 내용을 앞당겨서 진행해버리면 전체 흐름이 무너질 수 있다.

이런 경우는 "그것은 저도 중요한 포인트라 생각해서 자료를 준비해왔습니다. 전제부터 차근히 이야기를 풀어가도 괜찮겠습니까?" 하고 잠시 기다리도록 하고, 3장 뒤의 슬라이드를 설명할 때, "앞서 질문을 해주셨던 비용에 관한 내용을 말씀드리겠습니다" 하고 질문을 언급하고 이어서 내용을 전개한다.

만약 준비하지 못한 내용을 질문받더라도 당황해서는 안 된다.

"다음 주 최신 데이터 발표가 있습니다. 정확한 수치는 이를 기다려서 여러분에게 이메일로 전해드리도록 하겠습니다."

"그 수치는 오늘 준비하지 못했습니다. 나중에 조사하여 알려드리도록 하겠습니다."

이와 같이 언제 어떻게 대답할지에 대해 예고를 한다. 불확실한 숫자를 알려주거나 모른다는 사실을 감추려면 오히려 다른 이야기까지 신빙성이 떨어지게 된다.

'질문 없습니까?'로 말을 마치지 말 것

질의응답이 몇 차례 이어지고 "그 밖의 질문은 없습니까?" 조용……. "그러면 마치겠습니다."

이런 모양이라면 마지막이 허전해진다.

"오늘은 질의응답까지 할 수 있어서 매우 좋았습니다."

"오늘 귀중한 시간을 내주셔서 감사합니다. 여러분의 반응을 확인할 수 있어서 용기가 납니다."

이렇게 반드시 한마디를 덧붙이고 마치도록 한다. 질문이 많이 들어온 경우는 주요 메시지를 반복하며 마치도록 한다.

"오늘의 키워드는 ○○였습니다. 여러분에게 당부하고 싶은 것은 세 가지입니다. 할 수 있는 것부터 하나라도 실천에 옮겨주십시오. 한 달 후의 성과를 기쁜 마음으로 기다리겠습니다."

이렇게 한 줄이든 두 줄이든 내용으로 다시 돌아가 마무리하는 것이 중요하다.

질문이 나오지 않고 조용한 경우도 있다. 이럴 때는 침묵을 이해했다는 증거로 긍정적인 메시지를 보낸다.

"이해를 잘해주신 것으로 알겠습니다. 감사합니다. 그러면 다음 주 월요일, ○○에서 뵙도록 하겠습니다."

마지막 멘트는 사람들의 기억에 오래 남으므로 마무리에 각별히 신경을 쓰도록 한다.

어려운 질문은 함께 공유한다

간혹 이쪽을 시험하려는 듯한 질문, 곤란하게 만드는 질문을 하는 사람도 있다. 그런 도발에 흔들려서는 안 된다. 어디까지나 침착하게 대응해야 한다.

"○○씨라면 어떻게 생각하십니까?" 하고 질문한 본인에게 물어 본다든지 혹은 "저는 아직 그 답을 찾지 못했는데, 다른 분 중에 의견이 있는 분 없습니까?" 하고 다른 청중에게 질문을 해본다.

모르는 것, 미처 파악하지 못한 것을 물어오는 경우는 떳떳하게 '잘 모른다'고 하는 것이 정답이다.

"그 단어는 처음 들었습니다. KY라는 게 무엇입니까?" 하고 묻는다.

준비 부족으로 기본적인 질문에도 대답하지 못한다면 곤란하겠지만 당당하게 '모른다'고 답할 수 있는 것은 오히려 자신감이 있다는 증거다.

청중은 심술궂은 질문자보다 대답을 하지 못한 당신 쪽을 더 긍정적으로 받아들일 것이다.

자기 나름으로 생각해서 대답을 했지만, 약간 자신이 없는 경우에도 확실하게 마무리를 한다.

"……라고 생각합니다. 이 문제는 오늘 모인 여러분에게도 중요하리라 생각되므로 이후 상세히 조사하여 메일로 알려드리도록 하겠습니다."

질문에 제대로 대답했는지 불안한 경우라면 이렇게 질문하여 확인한다. "이것으로 질문에 대한 대답이 되었습니까?" 질문과 대답이 뒤죽박죽인 채 흘러가면 질문한 사람도 납득을 하지 못하고 다른 청중들의 기대에도 어긋나게 된다.

질문자의 이야기가 길어져서 종잡을 수 없는 경우도 있다. 매우 어려운 상황이지만, "다 기억을 할 수가 없으니 우선 첫 번째 질문에 답변을 드리겠습니다" 하고 이유를 붙여서 일단 분위기를 정리한다.

같은 사람으로부터 질문이 계속되면 이번에도 역시 이유를 붙여서 이야기를 마무리한다.

"시간이 한정되어 있으므로 다른 분에게도 질문을 받도록 할까요?"

"한 사람에게 쏠리는 것은 좋지 않으니 질문은 하나씩만……" 하고 시비조로 말해서는 안 된다.

질의응답은 순발력이 요구된다. 이 때문에 힘들다고 하는 사람도 많지만, 실은 매우 긴장해서 스피치를 하던 사람이 질의응답에서는 의외로 자신 있게 이끌어가는 경우가 적지 않다.

비즈니스 관련 스피치나 프레젠테이션은 자신의 전문 분야, 담당 상품과 관련된 내용이므로 긴장하면서도 의외로 말이 술술 나오게 되는 것이다. 나는 강의에서 "빨리 질의응답에 들어가는 것이 좋다"고 조언을 한다.

프레젠테이션은 물론 상담에서 마지막의 질의응답이 활발하면 그만큼 호감도도 높아진다. 이야기를 일방적으로 듣는 것보다 자신이 이야기하는 시간, 그리고 여러 사람의 목소리가 어우러진 시간이 길수록 청중들도 피로감이 덜하다. 꼭 도전해보도록 하자.

알아두면 차이가 나는
'파워포인트' 활용술

최근 파워포인트를 이용한 프레젠테이션이 늘고 있다. 잘 사용하면 한 단계 높은 평가를 받을 수 있다. 그러나 주역은 어디까지나 당신이 되어야 한다. 이야기를 듣도록 하기 위한 도구에 주역의 자리를 내주어서는 안 된다.

이제 마지막으로 꼭 마스터해야 할 기술 네 가지를 소개한다.

간단하면서도 청중들의 눈과 귀를 집중시키는 효과 만점의 기술이다.

스크린의 문자를 전부 읽지 마라

스크린에 쓰인 문장을 그대로 다 읽어서는 안 된다. 이것이 제1의

철칙이다.

포인트는 스크린 위의 리스트를 가리키며 "중요한 것은 1번과 3번입니다" 라고 말한 뒤 청중이 읽을 '틈' 을 주는 것이다.

혹은 "중요한 것은 스피드와 품질입니다" 하고 키워드만을 전달한다.

그리고는 "이 둘은 당사의 중요한 고객인 A사의 강력한 요구입니다" 하고 스크린에 쓰여 있지 않은 말을 덧붙이면 듣는 이의 집중도가 한층 높아진다. 또한 단순히 내용만 읽고 있어서는 안 된다는 생각을 하게 된다.

슬라이드를 넘기기 전에 예고를 한다

몇 장의 슬라이드를 연속해서 보여줄 때, 많은 사람들이 "다음은……", "다음……", "그리고……" 하고 같은 말을 반복해서 이어가곤 한다.

이는 듣는 이를 상당히 지루하게 한다. 다음 슬라이드를 보여주기 전에는 간단한 예고의 말을 넣도록 하자.

"세계의 상황에 대해 이야기를 하겠습니다. 각국의 상세 정보입니다. 여러분이 가장 흥미 있어 하는 도쿄부터 시작하겠습니다" 하고 말하며 다음 슬라이드를 보여준다.

반대로 먼저 슬라이드를 돌린 뒤에 "자, 다음에 이야기할 것은 도쿄입니다" 하고 말을 하면 이미 청중이 보고 있는 상황이므로 불필요한 간섭이 된다. 이야기를 하면서 슬라이드를 넘기는 것도 NG. 시각적인 변화에 정신을 빼앗겨 이야기에 집중하지 못한다.

다음 슬라이드에 대한 예고가 끝난 뒤에 화면을 전환하는 것이 포인트다. 아직 보이지 않는 것에 대해 듣는 이가 예고를 듣고 "아, 다음은 이런 이야기군" 하고 기대감이 높아졌을 때 보여준다.

전 슬라이드와 연속성이 없는 경우에는 한 호흡 사이를 두고,

"잠시 분위기를 바꿔보죠."

"이제 시선을 좀 바꿔보도록 할까요?"

하고 말하여 기대감을 높인다.

한편 이야기를 하는 본인이 "아, 다음 슬라이드는 뭐였지?" 하는 식이 되면 곤란하다. 프레젠테이션에 임하기 전에 슬라이드 정보를 A4 한 장에 모두 정리해둔다.

화이트아웃, 블랙아웃을 효과적으로 활용한다

스크린에 문자나 영상이 있으면 청중은 온통 그쪽에 정신이 팔리고 만다. 필요 없을 때는 그때그때 꺼두도록 하자.

슬라이드를 이용한 설명이 끝나면 과감히 지워버린다. 화면이 사라지면 청중의 시선은 자연히 연설자의 얼굴 쪽으로 돌아오고

귀도 열린다.

파워포인트의 슬라이드 쇼의 경우 'B' 키를 누르면 블랙아웃, 'W' 키를 누르면 스크린이 밝게 된다. 실내 조명이나 분위기에 따라 다르겠지만 기본은 블랙아웃 쪽이 시각적으로 변화감이 있다.

프레젠테이션에서 파워포인트를 이용할 때 실내 전기를 모두 끄는 사람이 있는데, 나는 원칙적으로 켜둔 채 진행한다.

실내를 어둡게 하면 슬라이드는 더 잘 보이겠지만, 자칫 스크린이 프레젠테이션의 주역이 되기 쉽다. 어두운 실내에서는 깜빡깜빡 졸음에 빠지거나 연설자의 얼굴이 보이지 않으므로 긴장감이 떨어진다.

밝은 실내에서도 쉽게 볼 수 있도록 한 장의 슬라이드에 너무 많은 정보량을 담지 않는 것이 효과적이다. 큰 문자로 포인트와 키워드를 쓰고, 중요한 도표 공식만을 보여주면서 상세한 내용은 구두로 설명한다. 일부러 다 보여주지 않는 전략도 필요하다.

가슴은 상대를 향한 채 화면과 가까운 쪽의 손으로 가리킨다

마지막으로 전달력을 높이는 노하우를 하나 더 소개하겠다.

스크린을 가리킬 때는 전원이 화면을 다 볼 수 있도록 스크린 바로 옆에 서서 화면에 가까운 쪽 손으로 가리킨다. 이때 손가락은

가지런히 모으도록 한다.

몸이 스크린 쪽을 향해 있어서는 안 된다. 가슴은 항상 상대를 향한 채 "중요한 것은 이것입니다" 라고 말하며 얼굴만 가볍게 그 쪽을 향한다.

의외로 스크린을 향해 등을 돌린 채 이야기를 하는 사람이 적지 않다. 청중을 등지고 서면 목소리도 잘 들리지 않게 된다.

이후 화면을 지운 다음에는 재빨리 기본 자세로 돌아가야 한다. 몇 발자국 사람들 쪽으로 다가서서 다시 듣는 분위기를 조성하는 것도 효과적이다.

전원이 다 볼 수 있는, 그리고 전원을 다 내려다볼 수 있는 곳에 서서 몸, 손의 위치 모두 기본 자세를 유지한다. 똑바로 서서 흔들거리지 말고 움직이지 않도록 한다. 정지 동작이 있어야 제스처가 한층 돋보이며 청중의 시선을 모으는 효과가 크다.

LESSON 5

최강 교본

실전에서 바로 써먹는
3분 말하기 족보집

S
P
E
E
C
H

드디어 실전 레슨,
실전에 임하는 마음으로 출발!

3분 말하기, 이제는 나도 할 수 있다는 자신감이 생겼는가?

'역시 그랬었구나!' 하는 힌트가 보였는가?

드디어 마지막 레슨 시간이다.

다른 트레이닝도 그렇지만 특히 스피치나 프레젠테이션은 자신이 알고 이해하는 것과, 실제로 실천하는 것 사이에 큰 차이가 있다. 글자로 쓰인 노하우를 읽을 때는 간단해 보이지만 실제로는 그리 쉽지 않다. 가볍게 봐서는 안 된다.

그렇다고 절대 무리라고 지레 포기할 필요도 없다. 그 차이를 체감하기 위해 이번에는 직접 스피치 교본을 준비했다.

평소 강연 중에 수강자들로부터 "참고할 만한 연설문을 보여달라"는 요청을 자주 듣는다. 하지만 각자의 개성을 살려야 좋은 말하기를 할 수 있기에 하나의 예에 집착하지 않도록 절대 교본을 제시하지 않았다.

따라서 다음 글은 나로서는 처음으로 제공하는 샘플이다. 이것이 연설문의 교본은 아니지만, 참고해서 응용할 수는 있을 것이다.

청중들은 말하기를 문자로 받아보는 것이 아니다. 말하기는 역시 귀로 들었을 때의 느낌이 중요하다. 샘플 말하기를 통해 3분의 길이, 문장과 문장 사이의 감각, 쌍방향 소통, '심플, 스피드, 셀프컨피던트'가 무엇인지 실감해보도록 하자.

샘플은 비즈니스 상황에서 자주 접하게 되는 말하기 장면을 상정하여 일곱 가지 내용으로 만들었다. 상대, 목적, 상황을 고려하여 내용을 구성하였으며, 마지막에 부록도 첨부했다. 파티에서의 축하말도 참고하자.

성실히 준비하면 어렵게만 느껴졌던 자리에서도 이야기가 술술 나오는 것을 느낄 수 있을 것이다. 자, 그럼 시작해보자!

① 아침 조회 스피치

상대 상사, 동료, 부하, 후배, 오랜 친구, 내일도 함께 일을 해야 하는 여러 사람들 등등.

목적 의욕을 고취하고 공통의 과제를 확인한다.

상황 전주에 개최된 이벤트. 인사 문제가 과제.

말하기는 듣는 이의 액션을 이끌어내는 것이 중요하다. 하지만 아침 조회 때 너무 큰 액션이나 과제를 내버리면 오히려 듣는 이들은 한 걸음 뒤로 물러나버린다.

누구나 바로 실천할 수 있는 작은 과제, 오늘의 업무에 활용할 수 있는 작은 스킬을 담아내는 것이 조회 연설의 포인트다. 팀의 현재 상황, 과제나 목표를 고려하여 '작지만 바로 도움이 되는 것'을 제안한다.

이 교본은 지난주에 실시한 이벤트의 리더였다는 설정하에 만들어졌다. 이벤트 행사장에서 멤버들의 행동에 만족하지 못했던 점을 전달하고 개선을 유도하는 것이 이 스피치의 목표다. 이를 위해서는 우선 직원들의 의욕을 높여주는 것이 중요하다.

START

좋은 아침입니다.

지난주는 이벤트로 매우 <u>고생하셨습니다.</u>[1] 사흘간 <u>빡빡한 일정이었습</u><u>니다만, 무척 고무적인 반응이 있었습니다. 고객으로부터 메일 18통, 협</u><u>력업체로부터 연락을 5건이나 받았습니다.</u>[2] 순조로운 출발입니다. 앞으로 이 같은 성과들이 잘 유지되도록 각별히 신경을 써야겠습니다. 다시한 번 여러분의 협조를 부탁합니다.

자, 오늘 아침 조회의 주제는 '철저한 인사' 입니다. 그다지 새로울 것도 없는 테마입니다만 지난주 이벤트 행사장에서 좋은 예와 아쉬웠던 점을 접하고 잊어버리기 전에 모두가 함께 공유해야겠다는 생각에서 이번주제로 삼게 되었습니다.

<u>이벤트 행사장 내 안내 부스를 모두들 기억하시지요?</u>[3] 저도 이벤트에참가한 경험이 몇 번 있지만, 이번 안내 부스는 매우 수준이 높았습니다. 자세, 모양도 좋았지만, 특히 인사에 진심이 담겨 있는 것이 이쪽까지 전해지더군요.

---

[1] 평소 잘 알고 있는 사람들을 대상으로 하는 스피치이므로 오프닝의 분위기 조성은 짧게 한다. 여기서는 상대의 노고를 치하하는 한마디를 넣었다.

[2] 아침에 시작하는 스피치는 기분 좋은 이야기로 시작하도록 하자. 듣기 좋은 이야기는 사람들의 귀를 활짝 열어준다. '대성공이었다' 는 말로 단순히 끝낼 것이 아니라 그 성과를 사실에 기초해서 전하는 것이 중요하다. 숫자 임팩트나 상황을 정확하게 파악하고 있다는 것에 대한 신뢰감이 연설에 집중하게 만드는 효과를 발휘한다.

[3] 개선 사항을 제안할 때는 좋은 예부터 들어가는 것이 포인트다. 여기서는 이벤드 회장에서 진원이 목격한 안내 여성들의 태도를 구체적인 예로 들어 듣는 이들의 공감을 끌어내고 있다. "맞아, 그랬어, 인사를 참 잘하더라" 하고 긍정적인 공통 인식을 형성하고 나서 나의 행동을 돌아보면(다음 쪽 [4] 부정적인 지적에도 쉽게 동의하게 된다.

여러분도 느꼈습니까? 안내원들이 고객 한 사람 한 사람의 눈을 직접 마주 보고 인사를 하였습니다. 명함을 받고는 "야마다 님", "다나카 님" 하고 이름을 불러주었습니다. 고객이 돌아갈 때도 "감사합니다" 하고 개별적으로 모두에게 인사를 하였습니다. 당연한 것 같지만 실제로는 잘 지켜지지 않는 경우가 많은데 덕분에 기분 좋은 분위기가 입장할 때부터 조성되었던 것 같습니다.

<u>반면 우리 부스의 경우는 다소 유감스러웠습니다.</u>[④]

분명 인사는 하였지만 목소리가 작아서 고객 중에 잘 듣지 못했던 분도 있었습니다. 목소리가 크다고 다 좋은 것은 아닙니다만, 모처럼 인사를 하는 것이니 상대방에게 똑똑히 들려야 할 것입니다.

역으로 잘 아는 거래처 사람이 오셨을 때는 주위 다른 고객도 있는데 과하게 큰 소리로 부르거나 하는 일이 있었습니다.

이를 보면서 <u>적절한 인사가 정말 어렵다는 것을 통감하였습니다.</u>[⑤] 이런 생각을 하고 있던 차에 주말에 <u>신문</u>[⑥]에서 이런 기사를 읽었습니다. 혹시 보신 분 있습니까? <u>외국계 기업</u>[⑥]에서도 기본으로 돌아가서 '인사 운동'이 붐이라고 합니다. 이번 안내 사원 파견 회사도 "올해부터는 인사에 한층 신경을 쓰고 있다"고 현장 리더가 말하더군요.

[④] 부정적인 지적은 사실을 근거로 구체적으로 전한다. 같은 이야기를 해도 언어의 선택에 따라 반감을 불러일으킬 수도 있다. '인사가 제대로 되지 않았던 것'에 대한 지적을 '유감이었다'라든지 '인사의 어려움을 통감하였다'(⑤) 등의 표현으로 상대가 쉽게 받아들일 수 있게 한다.
[⑥] 인사가 중요하다는 것은 누구나 알고 있다. '새삼스럽게⋯⋯' 하고 생각될 만한 이야기를 할 때는 '신문 기사에도⋯⋯', '외국계 기업에서도⋯⋯' 하고 뒷받침해줄 만한 근거나 설득 재료가 필요하다. 이런 소재를 풍부하게 준비해두면 듣는 이들의 호기심도 한층 높아진다.

다시 한 번 강조하지만 저의 제안은 '철저한 인사'입니다. 신문에서도 언급한 인사할 때의 세 가지 요령을 제안합니다.

'상대의 눈을 바라보고', '이름을 불러주고', '먼저 하는 사람이 반드시 이긴다'[7]는 것입니다.

이 룰을 오늘부터 실행하도록 합시다.

특히 팀 리더 이상인 여러분들,[8] "선배나 상사가 인사를 하지 않는 것이 문제"라고 신문에 적혀 있더군요. 솔선수범을 부탁드립니다.

다음 달에도 이벤트가 있습니다. 다음번엔 우리 부스에서 좋은 평판이 퍼져나가기를 바랍니다. 우선은 오늘부터 즉시 시작합시다.[9]

END

---

[7] "인사를 철저하게 하도록 합시다"라는 말로 끝맺음해서는 안 된다. 인사를 잘하기 위해 실천해야 할 과제를 구체적으로 전하는 것이 중요하다. 간결하면서도 기억하기 쉬운 캐치프레이즈로 하면 인상적인 스피치가 될 수 있다.

[8] 이것은 주요 인사들에 대한 요구 사항이다. 이들로부터 '예스'라는 반응을 이끌어냄으로써 인사를 팀 내 전체 과제로 삼을 수 있고 팀원 전원이 동참하는 분위기를 만들 수 있다.

[9] '다음번엔……'이라는 목표와 '오늘부터 즉시'라는 한마디로 청중들의 행동을 부추기고 있다. 조회 스피치에서는 직원들의 행동을 촉구하는 스타일로 마무리한다.

② 전근 첫날의 인사 – 스태프 편

상대 새로운 동료, 상사, 윗사람과 아랫사람 모두 대상. 대부분 초면.

목적 자신을 알리고 새로운 직장에서 포지셔닝한다.

상황 전직 IT업계에서 인사 업무 담당. 다른 업종의 인사부로 전직.

전직, 전근 첫날의 인사는 '스태프 편'과 '매니저 편' 두 가지 패턴으로 소개한다. 모두 자기소개를 하는 연설이지만 입장이 다르면 전해야 할 요소도 달라진다.

스태프의 경우는 '지금까지 어떤 일을 해왔는가?' 가 주축이 된다. 청중의 다수는 앞으로 동료가 될 사람들이므로 사적인 내용을 조금 언급해도 좋을 것이다. 매니저로서 스피치를 하는 경우는 '어떤 팀을 만들고자 하는지' 등 업무나 팀 운영에 관한 기본 입장을 전하는 것이 중요하다.

'스태프 편'의 스피치는 밑줄 친 부분을 자신의 내용으로 바꾸면 나만의 각본을 만들 수 있다. 어느 쪽이든 첫인상이 중요하다. 자신만의 개성, 장점 등이 잘 전달되도록 신경을 쓰고 복장이나 화법도 매끄럽게 정리한다.

START

처음 뵙겠습니다. 오늘부로 입사하게 된 오쿠시 아유미라고 합니다.

몇 년 만에 '신입'의 마음가짐으로 되돌아가서 기분 좋은 긴장감을 맛보고 있습니다. 야마다 부장님과 다나카 부장님이 타사에 근무하셨던 경험이 있고 중간에 입사하셨다는 말을 듣고 저도 조금 안심했습니다.

다양한 배경을 가진 여러분들에게 앞으로 많은 것을 배우면서 저 자신도 지금까지 쌓은 경험을 살려서 나름의 위치에서 팀에 도움이 되도록 노력하겠습니다.

전에 다녔던 직장은 전혀 다른 IT 업계로, 그곳에서 인사 업무를 담당하였습니다. 주로 채용, 교육, 사내 커뮤니케이션, 해외 파견 등으로 노무나 급여 계산과 같은 숫자를 다루는 업무 외에도 인재 개발에 관한 전반적인 사항을 다루어본 경험이 있습니다.

같은 인사 업무라고는 해도 회사가 다르면, 더욱이 업계가 다르면 여러 차이점이 많으리라 생각합니다. 이곳에서 알아두어야 할 것들은 여러분에게 잘 배우면서 가능한 한 빨리 익히도록 하겠습니다. 동시에 저의 경험 중 여러분에게 참고가 될 만한 것이 있으면 소개하도록 하겠습니다. 경력 입사한 장점을 충분히 살려서 팀에 공헌을 하겠습니다.

자기소개의 자리이니 조금 개인적인 얘기도 해볼까 합니다.

취미는 마사지…… 아, 물론 제가 받는 것입니다, 쇼핑, 온천욕. 왠지 스트레스가 많을 것 같은 외형이지만 실제 스트레스는 거의 없습니다.

시간이 나면 연극을 보러 가기도 합니다.

혈액형은 AB형. 가족은 남편과 단둘이고, 고향은 도쿄입니다. 물고기자리, 좋아하는 음식은 단팥죽. 보시기에는 주당으로 술병을 안고 살 것 같지만, 단것만 먹여주면 술주정 없이 조용합니다.

전 직장인 일본 HP 시절에는 OJT의 일환으로 미국 캘리포니아 주 실리콘밸리의 발상지인 HP 본사에서 약 2년간 근무한 경험이 있습니다. 이 시기에 다양성의 수용이나 직원 인사 문제에 있어서의 커뮤니케이션에 관한 의식 향상 등을 배웠습니다.

나이는 보시는 대로. 특기는 일찍 일어나기, 장점은 감기에 잘 걸리지 않는다는 것. 기력, 체력 모두 OK입니다.

이 정도면 충분한 자기소개가 되었는지 모르겠습니다.

상세한 것은 앞으로 개별적으로 말씀드리도록 하겠습니다. '신입'의 특권으로 저도 앞으로 많은 질문을 하겠습니다. 모쪼록 잘 부탁드립니다.

END

③ 전근 첫날의 인사-매니저 편

상대 새로운 부하직원, 대부분 초면.

목적 자신의 정책, 방침을 알린다. 자신을 포지셔닝한다.

상황 타부서에서 이동.

START

새롭게 인사드립니다. 안녕하십니까. 오늘부터 함께 일하게 된 오쿠시 아유미입니다.

오늘 아침은 풋풋한 신입사원들이 새 양복을 입고 첫 출근하는 모습이 많이 눈에 띄더군요. 저도 새 옷을 입고 그들 이상으로 신선한 기분으로 출근하였습니다.

약간 긴장감을 안고 사무실에 도착했는데 책상에 아름다운 꽃이 장식되어 있어서 너무나 기뻤습니다. 감사합니다.

참고로 이런 식의 행복한 서프라이즈 이벤트를 무척 좋아합니다. 앞으로도 대환영입니다.

몇 분은 지난주에 인수인계를 받는 자리에서 얼굴을 뵈었지만, 오늘이 정식 출근 첫날이고 하니 한마디 인사를 하도록 하겠습니다.

전임 후쿠다 부장님이 쌓아놓으신 최강팀을 이어받게 되어 어깨가 무겁습니다. 앞으로의 비전이나 전략에 대해서는 다음 주 회의에서 공유하고, 오늘은 저의 기본적인 업무 철학에 대해 말씀드리겠습니다.

일에서 제가 중요하게 생각하는 것은 퍼펙트(perfect), 퍼스널(personal), 그리고 패션(passion)입니다.

프로들은 업무에서 만전의 준비를 기하고, 끊임없이 일을 만들어냅니다. 단, 매뉴얼은 본인이 능숙하게 이용하는 것이지, 그것에만 전적으로 기대서는 안 됩니다. 퍼펙트를 목표로 하는 것과 실패를 두려워하는 것은 전혀 다른 차원이지요. 여기서 말하는 퍼펙트는 '한 치의 빈틈도 없이' 라는 말이 아니라 '현재에 최선을 다한다' 는 의미입니다.

업무 파트너의 얼굴은 한 사람 한 사람 모두 다르지요. 상대의 얼굴을 보고, 자신의 얼굴도 확실하게 각인시켜야 합니다. "도대체 누구더라?" 하는 말이 나오게 되면 아무리 열심히 일을 해도 의미가 없습니다. 퍼스널한 업무를 추진하도록 노력합니다.

프로의 요건에서 빠지지 않는 것이 열정이죠. 패션이 없으면 감동도 없습니다. 고객에 대해서도, 팀 내에서도 이 자세로 임해주길 바랍니다.

모처럼 상승세에 있는 비즈니스의 흐름을 잘 살려서, 그렇다고 너무 서두르지 않고, 여러분과 한 걸음씩 앞으로 나아가려 합니다.

내일부터 바로 여러분 한 사람 한 사람과 개별 미팅을 갖겠습니다. 각

각의 업무에 관한 설명과 이후에 대한 기대를 이야기할 수 있도록 준비
해주시기 바랍니다.

고객들에게 더욱 사랑받을 수 있는 '프로 팀'을 목표로 해나갑시다.

퍼펙트, 퍼스널, 그리고 패션으로 여러분의 업무를 더욱 빛내고, 팀
을 활기차게 만들어갑시다. 이것이 저의 역할이라는 것을 잘 알고 있습
니다.

여러분과 만나게 되어 다시 한 번 감사의 말을 드립니다.

앞으로 더욱 밀접한 관계를 맺도록 하겠습니다.

잘 부탁드립니다.

END

④ 신년의 포부

신년을 맞이하여 업무를 새롭게 시작하는 날, 리더는 으레 스피치를 하게 된다. 하지만 이때 일방적으로 훈시를 내리거나 리더 혼자 포부를 강하게 말해버리면 멤버들의 마음을 움직일 수 없다. 이런 경우는 듣는 이에게도 말할 기회를 만들어 참여시키는 것이 중요하다. 물론 그렇다고 갑자기 "이제부터 여러분들로부터 한마디씩 들어보도록 하겠습니다"라고 말해버리면 사람들은 당황할 것이다. 연설 초반부에 분명히 예고를 해두도록 하자(예시 ①).

연차, 입장, 배경이 다른 구성원들을 한데 이끌어가려면 전원의 의욕을 균등하게 고취시키는 것이 중요하다. 스피치에도 그런 배려가 필요하다(예시 ②, ③). 포부를 말하는 스피치가 '꿈같은 이야기'로 끝나지 않도록 클로징에는 구체적인 액션 플랜을 제시한다(예시 ④, ⑤).

START

새해가 밝았습니다. 새해를 맞으면 항상 마음을 다잡게 됩니다.

오늘 아침은 저도 새 다이어리를 가방에 넣으며 새로운 기분을 다짐하며 회사에 출근하였습니다. 작년은 프로젝트를 출발시키는 것이 가장 큰 목표였습니다. 다행히 여러분의 협력에 힘입어 무사히 프로젝트가 시작되었습니다만 이제부터가 관건입니다. 무엇을 어떻게 진행시킬지 새롭게 계획을 짜나갑시다.

오늘은 신년의 시작을 맞이하여 다시 한 번 이 프로젝트의 미션을 확인하고 여러분에게 기대하는 바를 말씀드리겠습니다. <u>마지막에는 여러분들로부터도 한마디씩 신년의 각오를 듣는 시간을 가지도록 하겠습니다. 마음의 준비를 해주십시오.</u>[①]

이 프로젝트는 우리 팀의 3년 후를 내다보고 시작하였습니다. 다행히 현재는 매출 호조를 보이고 있지만, 이는 7년 전부터 씨를 뿌려왔던 것이 겨우 재작년부터 결실로 나타나는 것입니다. 여기서 배운 점을 이후 잘 활용해주십시오.

미래를 내다보고 정기적으로 모여 신제품의 기획 아이디어를 '왁자지껄' 하게 함께 내자는 것이 이 프로젝트의 발족 이유입니다. 단 하나, 제기 부탁하고 싶은 룰은 '무엇이든' 이라는 것입니다. 현재 멤버들은 근속 연수, 연령, 성별, 업무 전문성 모두 제각각입니다. 다양성을 살리기 위한 취지입니다. 이 다양성을 활용하여 '곱셈의 성과'를 만들어낸다면 프로젝트는 대성공입니다.

7년 전 성과가 제대로 나오지 않았던 시절의 프로젝트 멤버였던 분, 있습니까? ……3분의 1 정도군요. 이분들은 그때의 경험을 잘 살리고 미경험자는 경험이 없는 것을 강점으로[2] 진정한 '왁자지껄함'을 실천해갑시다.

멤버 한 사람 한 사람에게 제가 기대하는 것은 의견을 가지고, 이를 표현하라는 것입니다.[3] 다름을 두려워하지 말고 토론하는 것. 때로는 거친 파도도 두려워하지 않는 용기를 가져달라는 것입니다. 물론 단순한 발산의 장이 되어서는 의미가 없습니다.

지난 달 모두 함께 참여한 '효과적인 회의 진행을 위한 트레이닝'을 기억하시죠? 그때 나온 결론을 속히 실행하도록 합시다.[4]

팀워크를 살리기 위한 기본 룰을 설정하는 것으로부터 제1회 미팅을 시작하겠습니다. 다음 달 3일에 있을 미팅에는 각자 3개씩[5] 효과적인 프로젝트 진행을 위한 룰을 준비해주십시오.

여기까지, 질문 있습니까? 다들 잘 알아들으신 모양이군요. 그러면 이후는 여러분들로부터 한마디씩 기운찬 의견을 들어보도록 하겠습니다. 힘차고 진취적인 발언을 기대하겠습니다. 사회자인 후쿠시마 씨, 그럼 부탁하겠습니다.

END

⑤ 신규 클라이언트에 회사 소개

상대　신규 클라이언트, 초면.

목적　자사의 강점을 알리고 흥미를 갖도록 한다. 다음 단계로 일을 진행시킨다.

상황　상대(외국계 브랜드)에게 인재육성 프로그램을 제안할 예정. 이를 위한 첫 방문.

이 스피치는 새로운 프로젝트를 위해 상대방이 요청해온 '몇 개 회사 중한 회사'라는 설정이다. 아직 후보 단계이지만, 반드시 계약을 따내야하는 상황이다. 이를 위해 우선 자사를 알리는 것이 스피치의 주요 목적이다.

이런 자리에서 흔히 저지르는 실수는 무턱대고 자사의 훌륭함을 어필하거나, "열심히 하겠습니다", "무엇이든 하겠습니다!"라는 식의 태도다. 이런 구태의연한 내용에 클라이언트들은 더 이상 흥미를 보이지 않는다. 오프닝에서 전해야 할 것은 '진정으로 상대의 요구에 맞춰 준비할 수 있다'는 것이다.

쌍방향의 감각을 조성하는 것도 중요하다. 자신의 이야기를 일방적으로 '말하는' 것이 아니라 질문을 많이 첨가하여 '당신의 이야기를 듣고 싶다'는 자세를 보인다. 구체적인 계획을 설정하여 '다음으로 이어지는 클로징'에도 주목해보자.

START

안녕하십니까.

오늘 바쁜 와중에도 시간을 내주셔서 감사합니다. 글로바링크의 오쿠시라고 합니다.

귀사의 비즈니스에 이전부터 흥미를 가지고 다양한 캠페인에 항상 주목[1] 하고 있었습니다. 이번에 함께 참여할 수 있는 기회를 주셔서 대단히 기쁘고 영광으로 생각합니다.

야마시타 과장님과는 이미 업무를 함께 한 경험이 있어, 이번 프로젝트가 귀사에 얼마나 중요한지[2] 잘 알고 있습니다.

오늘은 첫 프레젠테이션이므로 우선은 저희 회사의 개요, 그리고 지금까지의 실적을 말씀드리고 귀사의 과제와 필요사항에 대해서도 잠시 언급하도록 하겠습니다.

괜찮겠습니까? 감사합니다.[3]

저희는 현재 세 가지 큰 줄기로 비즈니스를 전개하고 있습니다. 인재 육성을 위한 강연 프로그램의 전개와 제안, 수요 파악이나 우선순위 선정 등의 컨설팅, 나머지 하나는 귀사에서도 흥미를 가질 것으로 여겨집니다만[4] 상점 컨설팅입니다.

---

[1] 비즈니스 미팅에서 과도한 배려, 겸손은 금물이다. 상대를 치켜세우는 말이 아니라 정당하게 존중하는 한마디로 시작한다.
[2] 이런 자리의 스피치에서 듣는 이의 귀를 활짝 여는 열쇠는 상대의 진짜 눈높이다. '이 사람은 우리에 대해 잘 알고 있다'고 생각하게 만드는 것, 이를 위한 준비를 충분히 하는 것이 중요하다.
[3] 통상적인 스피치보다 상대가 함께 참여하거나 리액션을 할 수 있는 요소를 많이 넣는 것이 중요하다. 앞으로 전개될 이야기를 예고하면서 '확인의 질문'을 하고 있다.

저희는 창사 이후 고급 브랜드 클라이언트가 많고, 강연의 과제를 찾는 의미에서 시작한 업무가 좋은 평가를 받아 지금까지 상당히 큰 줄기로 성장하였습니다.

현재 강연 회사가 5만 개 정도 됩니다. 각기 장단점이 있으므로 <u>저희 회사가 모든 면에서 최고라고 말하지는 않겠습니다.</u>[5] 그보다는 각 기업의 니즈나 사풍과의 궁합이 벤더 선정에 큰 요소라고 생각하고 있습니다.

<u>저희의 강점은 '인간미, 섬세함, 유연성' 입니다.</u>[6] 물론 기본 프로그램을 자신 있게 제안해드리지만, 세부 요소들은 각 클라이언트의 니즈에 맞춰 유연하게 대응하고 있습니다. 다소 품이 들지만 사전에 의견을 듣고 최종적으로 각사에 맞는 프로그램으로 조정해갑니다.

오늘 이 자리에 오기 전에 귀사의 상점을 몇 군데 들러보았습니다. '<u>인 간미, 섬세함, 유연성</u>' 은 저희 회사와 공통적인 테마[7]라는 것을 실감하였습니다.

<u>저희의 대표적인 프로그램을 이미 여러분에게 자료로 나눠드렸습니 다. 한번 확인해주시겠습니까?</u>[8]

---

[4] 상대의 요구에 맞는 회사 소개를 하기 위한 한마디. 자사의 사업 내용을 상세히 설명하는 것이 아니라 상대에게 이득이 될 만한 이야기를 하는 것이 중요하다.
[5] '무엇이든 하겠습니다' 는 자세는 오히려 실패의 원인이다. 상대에게 '선택하지 않는다' 는 선택 요소를 함께 주면서 자사의 강점을 확실하게 전하여 그 부분에서 선택을 받도록 한다.
[6] 자사의 강점을 확실하게 전달하기 위해 세 가지 키워드로 전한다. 키워드가 전달되면 '공통의 테마'로 상대와 연결 지어 키워드를 반복하는 것([7])도 포인트 중 하나다.
[8] 계속 설명이 이어졌다면 이제 상대에게 질문을 던질 타이밍. 듣는 이의 손이나 시선을 이동시킴으로써 정체된 공기를 풀어준다.

오늘의 내용을 토대로 세 가지 연수 프로그램을 제출하겠습니다. 프로젝트의 발족은 하반기부터라고 들었습니다. <u>충분한 선정 기간을 갖도록 하기 위해 프로그램은 다음 달 초순까지 준비하도록 하겠습니다.</u>⑨

<u>그 정도면 시간이 괜찮겠습니까?</u>⑩

<u>지금까지의 내용에서 질문 있습니까?</u>⑪
이후라도 <u>의문 사항이 있으면 언제든 연락을 주십시오.</u>⑫
오늘 대단히 감사합니다.

END

---

⑨ '검토를 부탁드립니다', '언젠가 기회가 있으면 반드시' 등의 말로 스피치를 끝내서는 안 된다. 상대의 입장에 필요한 이유를 붙여서 다음으로 이어지는 구체적인 행동을 제시한다. 일방적인 제안이 되지 않도록 확인의 한마디를 덧붙이는 것(⑩)도 잊지 말것.
⑪ '들어주셔서 감사합니다'가 아니라 질문을 유발하고 '언제든 연락을 주십시오'(⑫)하는 쌍방향으로 이은 뒤 이야기를 마무리짓는다. 오늘의 내용이 실제 비즈니스로 이어지는가는 마지막 30초로 결정된다.

⑥ 사내 승급 시험 면접에서 자신을 어필하기

상대 상사, 인사 담당자.

목적 실적과 가능성, 희망을 전달한다. 승급 요건을 이미 갖추고 있음을 인식시킨다.

상황 영업 외길. 입사 10년. 주임직에 오르기 위한 승급 면접.

자신의 자격, 능력을 어필하는 힘은 업무에 있어서 필수적이다. "내가 뭘……" 하고 뒤로 빼기만 해서는 안 된다. 또 그렇다고 해서 "이것도 했다, 저것도 했다"며 자신의 실적이나 공을 늘어놓는 것도 좋지 않다.

이 스피치는 매니저로의 승급이 걸린 면접이라는 설정이다. 업무상의 성과를 사실에 근거하여 전하면서 매니저로서의 자질, 요건을 충분히 갖추고 있음을 어필한다. 예를 들어 **자신이 담당하는 일만이 아니라 한 단계 위의 눈높이에서 팀 전체를 보고 있다는 것**, 그리고 자신의 팀만이 아니라 다른 팀에 미치는 긍정적인 영향까지 고려하여 움직이고 있다는 점을 어필한다. 승급 면접에서는 상사나 회사가 자신에게 무엇을 원하는지를 생각하여 한 단계 위 포지션에 어울리는 자질과 능력을 겸비하고 있음을 분명히 전달한다.

START

안녕하십니까.

영업본부 1부 1팀의 오쿠시 아유미입니다.

이번에 승급시험의 기회를 주셔서 대단히 감사합니다. 다소 긴장이 됩니다만 평소 저희 팀의 활동을 소개하고, 앞으로의 과제를 **임원 여러분께 직접 전할 수 있는 귀중한 기회**라 생각하여 열심히 임하도록 하겠습니다.

주어진 시간이 3분이므로 요점을 정리하여 말씀드리도록 하겠습니다. **우선 저의 경력을 간단히 설명하고, 현재의 업무 내용, 최근의 성과와 금후 중점 과제를 말씀드리겠습니다.** 먼저 나누어드린 자료에 맞춰 진행하겠습니다.

마지막에 5분간 질문 시간이 있습니다만, **도중에라도 명확하지 않은 점이 있으면 언제든 말씀해주십시오.**

저는 입사 이후 계속해서 영업본부에 몸을 담아왔습니다. 간토 지점 5년, 도쿄 지점 3년을 거쳐 2년 전 영업본부로 옮겨왔습니다. 간토 지점에서는 대형 클라이언트를, 도쿄 지점에서는 주로 중소 클라이언트를 관리하여 각각 매출을 30퍼센트, 35퍼센트 향상시켰습니다. 영업본부에서는 신규 시장 개척을 맡아 팀 리더로 일하고 있습니다. 지점에서의 '현장 감각'을 살릴 수 있도록 항상 명심하고 있습니다.

저희 팀에서는 신규 시장 개척을 위한 채널로 새롭게 인터넷 활용을 도입하였습니다. 준비하는 데 반년이 걸렸지만 작년 말부터 성과가 나타나기 시작했습니다. 신규 시장 개척은 물론이고 **이를 2팀의 기존 고객 관리에도 활용할 수 있었습니다.** 구체적인 결과에 대해서는 나눠드린 자료 5~6쪽을 참조해주시기 바랍니다.

이번 프로젝트의 성과는 신규 시장 개척과 2팀의 기존 고객의 오더 증가는 물론이고, **무엇보다 팀 전체의 의욕이 상승하여 새로운 구조를 만들 수 있었다는** 점입니다. 팀 멤버 다섯 명이 각기 강점을 활용하여 예정보다 빨리 한층 수준 높은 시스템을 완성하였습니다.

앞으로는 이를 영업본부 전체에 활용하여 전체적으로 성과를 높일 생각입니다. 최우선 과제는 납기 관리입니다. 이를 위해 각 리더가 정기적으로 모여 서로 정보교환, 아이디어를 나누고 제2, 제3의 성공 사례를 만들어낼 필요가 있습니다. 구체적인 플랜은 아래 자료의 마지막 파트에 정리되어 있습니다.

저는 각 부문의 비즈니스에 아직 성장의 여지가 있다는 것을 알고 있으며 의욕 또한 충만합니다.

계속해서 팀의 일원으로서 유연한 발상과 착실한 행동력으로 전진해 나가겠습니다.

감사합니다.

END

⑦ 거래처 축하 파티에서 인사

상대 클라이언트, 클라이언트의 고객, 동종업계 다른 회사.

목적 많은 이들이 북적거리는 속에서 축하 분위기를 조성한다.

상황 거래처 창립 50주년 기념일. 게스트로서 인사 한마디. 경청하지 않는 사람들을 대상으로 하여 신속하게 이야기를 끝마친다.

마지막으로 짧은 스피치를 소개한다. 거래처의 창립 50주년 기념 파티에서 한마디 해줄 것을 요청받았다는 설정이다.

이런 자리에서의 스피치는 긴 것보다 짧은 것이 환영받는다. 슬쩍 등장하여, 재빨리 이야기를 마치고, 바로 내려오는 신속함이 중요하다.

단, 이야기가 너무 짧아서 성의 없는 느낌을 주면 축하의 마음을 전할 수 없다. 다음 샘플 스피치는 대략 1분 정도다. 이 정도를 기준으로 만들도록 하자.

이런 종류의 스피치는 그 자리에서 즉석으로 지명되는 경우가 많다. 여차할 때 당황하지 않도록 머릿속에서 시뮬레이션을 해두도록 한다. 자리에 어울리는 스피치를 성공적으로 하면 거래처도 기뻐할 것이고 함께 동석한 많은 이들에게 이름을 알릴 수 있다.

START

방금 소개를 받은 글로바링크의 오쿠시 아유미라고 합니다.

이번 A사의 창립 50주년을 진심으로 축하드립니다. 이 기념할 만한 시기에 함께 일을 하고 있다는 사실이 진심으로 기쁩니다. 이 좋은 모임에 함께 참석할 수 있다는 점도 매우 영광입니다.

오늘 이 자리에서 반가운 얼굴을 만나고 보니 최근 10년 A사와 함께 했던 일들이 새롭게 기억에 떠오릅니다.

특히 첫 담당이었던 오자와 님으로부터는 사업상의 성과는 물론, 업무 이외에 많은 것들을 받았습니다. 저뿐만 아니라 오늘 모인 손님 여러분의 면면을 보니 A사의 충실한 사업 성과를 새삼 실감하게 됩니다.

앞으로도 더욱 충실하고 즐겁게 일을 할 수 있기를 기대합니다.

다음 해 기념일에도 초대를 받을 수 있도록 저 자신도 끊임없이 전진하도록 하겠습니다.

다시 한 번 축하의 말을 드립니다.

감사합니다.

END

말하기, 수익률이 가장 확실한 자기 투자

바로 내일부터 참고할 만한 내용이 있었는가?

비즈니스 말하기에는 '반드시 꼭!'이라는 스타일은 없다.

미숙하지만 마음을 사로잡을 수도 있다. 사람마다 제각각 스타일이 다른 것은 당연하다.

듣는 사람과 교감하며, 높은 성과를 올리고, 평판을 높여줄 만한 말하기 능력은 누구나 바라는 소망일 것이다.

"누구였지? 지난주에 인사했던 사람……"이라는 말이 나오는 스피치였다면 몇 번을 계속해도 의미가 없다.

나는 사람들로부터 "말을 잘 못하는 타입이다", "사람들 앞에만 서면 얼굴이 하얘진다"는 고민을 흔히 듣는다. 이는 청산유수로 말을 잘하는 것처럼 보이는 사람도 얼마간은 무대공포증이나 답답함, 막막함을 느낀다는 얘기이기도 하다.

거기에서 끝날지, 아니면 다시 돌아보고 반성하고 연습하여 다음엔 한층 완성도 높은 커뮤니케이션을 할지는 본인에게 달려 있다.

탄탄한 기본기와 연습만이 결과를 말해준다. 준비, 연습 없이 프로가 되는 사람은 없다. 만반의 준비를 했는데, 사람들에게 통하지 않는 일은 절대 없다.

지금까지 많은 사람들의 말하기 및 커뮤니케이션 트레이닝을 담당해온 경험상 실력이 늘지 않은 사람은 단 한 명도 없었다.

실제로 '이 사람은 어려울 것 같다'고 생각하고 지레 포기했던 사람도 진심으로 본인이 잘해보겠다는 의욕을 가지고, 피드백을 겸허하게 받아들여 연습한 결과 몰라보게 달라진 경우가 많았다.

변화를 실감하면 본인도 즐거워져서 다음 기회를 찾아다니게 된다. 다양한 자리에서 자신을 어필하는 기회를 놓치지 않는 것이다.

자, 어떤가. 기대가 한층 높아졌는가?

적어도 불가능하다는 패배의식은 불식하지 않았는가?

비즈니스 말하기는 업무의 연장선에 있다. 듣는 사람 역시 좋아서 연습하는 것이 아니다. 바쁜 시간을 쪼개가며 도전하는 것이다.

상대의 욕구와 눈높이에 맞춰 진심으로 윈-윈의 정신으로 이야기를 하면 분명 비즈니스 말하기는 성공적이다. 나는 말을 못한다고 핑계대지 말자. 아직은 시간이 있다. 레슨 1부터 복습해보자.

마지막까지 잘 따라준 독자 여러분에게 감사의 마음을 전한다.

무사히 졸업이다! 우리 모두 축하하자!

옮긴이 송수영

중앙대학교 일어일문학과를 졸업하고 동대학원에서 일어일문학 석사 학위를 받았다. 10년 넘게 잡지 기자로 일했고, 전문 번역가로 활동 중이다. 옮긴 책으로는 《여자는 말하는 법으로 90% 바뀐다》, 《체인지 메이커》, 《마음을 유혹하는 경제의 심리학》, 《EYE : 26세 나는 세상으로 뛰쳐나갔다》, 《아오야마 살롱》, 《오마에 겐이치가 추천하는 내 생애 최고의 여행》 등이 있다.

3분 만에 마음을 얻는
말하기의 기술

초판 1쇄 발행 2009년 12월 20일
초판 3쇄 발행 2010년 2월 20일

지은이 오쿠시 아유미
옮긴이 송수영
펴낸이 명혜정
펴낸곳 도서출판 이아소
북디자인 이창욱
등록번호 제311-2004-00014호
등록일자 2004년 4월 22일
주소 121-840 서울시 마포구 서교동 408-9번지 302호
전화 (02)337-0446 **팩스** (02)337-0402

책값은 뒤표지에 있습니다.
ISBN 978-89-92131-25-4 03320

도서출판 이아소는 독자 여러분의 의견을 소중하게 생각합니다.
E-mail m3520446@kornet.net